AF275035

OTRO MODO DE VER LA IUSFILOSOFÍA Y EL CONTEXTO HISTÓRICO EN EL ANÁLISIS DEL DERECHO

OTRO MODO DE VER LA IUSFILOSOFÍA Y EL CONTEXTO HISTÓRICO EN EL ANÁLISIS DEL DERECHO

Imeldo Castro Villena

Este libro ha sido sometido a un riguroso proceso de revisión por pares.

© 2025 Imeldo Castro Villena

© 2025 Atelier
      Santa Dorotea 8, 08004 Barcelona
      e-mail: editorial@atelierlibros.es
      www.atelierlibrosjuridicos.com
      Tel. 93 295 45 60

I.S.B.N.: 979-13-87867-86-7
Depósito legal: B 21024-2025

Impresión: Winihard

«Una fue la doctrina declarada en la ley
y otra la realidad de la vida social».

José María Ots.

SUMARIO

Presentación.

(Dialogar con la historia)

En este libro, el profesor agustino, Imeldo Castro Villena, expone razones apremiantes para «reiniciar» el debate en la filosofía del derecho, con una actitud que, en sus mesuradas palabras, debe ser de «apertura y humildad, reconociendo que no todo lo establecido es inamovible y que siempre existe la probabilidad de cuestionar, mejorar y adaptar las teorías y conceptos jurídicos a la luz de nuevos conocimientos y cambios sociales».

Castro escribe con actitud reflexiva y a la vez crítica. La dirección en la que se propone caminar se anuncia desde el título del trabajo, *El Contexto Histórico en el Análisis del Derecho*. En contraste con las excursiones de dogmática jurídica, a las que son más propensos los juristas locales de las generaciones más recientes, Castro pone interés en la historia como basamento del derecho. Intenta recuperar para la filosofía y la teoría del derecho un punto de vista que hasta los años 60 del siglo pasado era usual en la enseñanza universitaria, y de pronto terminó siendo paulatinamente desplazada de las aulas, en proporción a la expansión del culto al Derecho formal, escrito o positivo, que ha pasado a constituirse casi en el modelo exclusivo de ciencia jurídica que la academia peruana ordinariamente asume.

Esa vuelta hacia los enfoques históricos que el profesor enfatiza no es infundada, si se tiene en cuenta la situación de «impotencia y angustia» en que se halla la filosofía del derecho desde hace varias décadas. La filosofía del derecho se halla en un «punto muerto,» como bien lo enfatiza el profesor agustino, lo que significa que el Derecho como teoría y como práctica se halla eventualmente desorientado. Se revela eso en las insatisfacciones con el *ius* naturalismo más caracterizado de las últimas décadas, el del profesor John Finnis, (Crowe, 2019), en las proclamas sobre la «autodestrucción del positivismo» (Goldsworthy, 1990), o en los llamados a «dejar atrás» el positivismo como el que hicieron el año 2007 los profesores españoles Manuel Atienza y Juan Ruiz Manero.

Siguiendo al filósofo francés Alain Badiou (1990), Castro se pregunta sobre la tendencia de los filósofos [modernos] a construir sistemas racionales absolutos sobre el Derecho, dejando de lado las elaboraciones hechas por los pensadores de las generaciones anteriores. Cree entonces que la filosofía definitiva, como enseñaba Ortega y Gasset, tendría que venir como resultado de la integración del pensamiento valioso de las diferentes épocas.

Por el camino de los refinamientos abstractos, de la predilección por cuestiones meramente conceptuales a las que se ha visto reducida la filosofía en general, la filosofía del derecho ha ido dejando de interesarse, sorprendentemente, por el funcionamiento del derecho en las sociedades concretas. Se ha desprendido de la historia, intentando infructuosamente resolver los problemas jurídicos en las alturas de la pura meditación racionalista, en la creencia de que las verdades del Derecho pueden obtenerse por el mero esfuerzo de la lógica y la delimitación de categorías ideales. En estos confines nos toca estar de acuerdo con el punto de vista del profesor Castro, en la medida en que sus reflexiones contribuyen a diagnosticar el estado de aridez al que ha sido llevado el pensamiento jurídico del siglo XX, atrapado en un formalismo extenuante, con cada vez menos alternativas para abordar los problemas sustantivos que confrontan las sociedades contemporáneas.

Parece haber ocurrido que la filosofía moderna trazó una separación radical entre *razón teórica* y *razón práctica*, dedicada preferentemente a absolver los problemas del Derecho en el ámbito de la primera, dejando de lado casi todo el sentido práctico que el filosofar antiguo atribuía a los asuntos normativos. Así se cultivaba en la tradición occidental desde los tiempos de Sócrates, pero con los filósofos de la modernidad ambas razones se distancian y la razón práctica se volvió casi irrelevante. De ese modo el Derecho ha ido perdiendo el sentido de orientación hacia fines compartidos que le era consustancial en el pasado. La consecuencia de ello es que la Filosofía y la Teoría del derecho han tendido a tratarse como esferas del pensamiento abstracto, derivando en una actividad de especialistas que atrae muy poco interés para todas las disciplinas y actividades que performan el Derecho.

En respuesta a ello, el libro del profesor Castro defiende que el derecho no debería ser pensado fuera de las circunstancias del mundo real. La filosofía del derecho «tiene la tarea de examinar y contextualizar las teorías, conceptos y principios jurídicos, tomando en cuenta la interacción entre la racionalidad abstracta y el contexto histórico, lingüístico e intersubjetivo». Su propuesta es retomar un enfoque histórico, como una «salvaguardia contra la rigidez y el dogmatismo.» En esa dirección reclama necesario tomar en cuenta el punto de vista de filósofos occidentales importantes cuyas contribuciones a menudo se eluden. Entre ellos, Emmanuel Lévinas, Paul Ricoeur, Hans-George Gadamer, Luis Recaséns Siches, Roberto Unger, Boaventura de Souza Santos, Karl Lewellyn y varios otros.

Hay buenas razones para compartir este punto de vista, quizás con solo dos complementos que pueden ayudar a perfilar mejor el sentido de la crítica a los sistemas de filosofía del derecho que se multiplicaron desde la ilustración, en sustitución del derecho proveniente de la historia de los pueblos. Valdría preguntarse, por un lado, si la crítica al racionalismo filosófico excesivo afecta a las visiones del derecho de las civilizaciones de todos los continentes, o afecta en particular a las filosofías del derecho de base eurocentrista en torno a las cuales, en el caso peruano, se ha edificado el Derecho desde los orígenes de la república inaugurada en 1821.

Por otro lado, conviene hacer explícito que cuando se habla de poner interés en la historia, el reclamo no puede limitarse a poner más atención a la historia del pensamiento de los filósofos, sino a la necesidad de fijarse también en las creaciones normativas que forman parte de la experiencia de vida los pueblos. Pensar que el Derecho lo hacen solo los filósofos se revela en estos tiempos como una pretensión excesiva. A decir verdad, lo que los filósofos hacen es interpretar, traducir o sistematizar las creaciones que surgen de las experiencias de trato entre la gente; en todo caso se nutren, en primera instancia, de la labor de los juristas prácticos. Los filósofos no sacan el derecho de su cabeza, sino que lo aprehenden de las creaciones normativas que pasan la prueba crucial de la experiencia, portando la aprobación expresa o tácita que le concede la gente.

Esto quiere decir que, si bien es válido estudiar la historia de la filosofía del derecho de los juristas, la filosofía del derecho como integralidad no se reduce a lo que analizan y proponen los juristas. En el final, esta resulta del sentido del Derecho que las comunidades construyen sobre la base de la respuesta a sus necesidades universales y las mejoras que van introduciendo en la práctica. Castro implica esto cuando dice, entre otras cosas, que para superar el «punto muerto», «es necesario que los filósofos del derecho se abran a una mirada más amplia y contextualizada, que considere las particularidades y desafíos específicos de cada sociedad y que busque nuevos caminos de reflexión y análisis». Los filósofos no deberían hacer filosofía del derecho sino desde la propia realidad en la que se insertan e interactúan con el conjunto de actores y actividades que contribuyen diariamente a la formación del sentido normativo de las sociedades. De otro modo su punto de vista corre el riesgo de volverse especulativo.

El solo transcurrir de la historia del pensamiento filosófico no asegura que las teorías que se postulan correspondan a las necesidades de las comunidades. El problema se hace visible cuando el lenguaje de los filósofos se distancia de las comprensiones normativas de la gente; cuando el pensamiento de los filósofos progresa en términos de rigor teórico abstracto, pero se separa de la comprensión de la vida, de la historia, y deja de atender a las expectativas, o necesidades terrenales de quienes sienten o sufren el Derecho. Cuando la filosofía y la vida no coinciden. Evidentemente, eso expresa el «punto muerto» en el que se han estancado las filosofías del derecho del siglo XX, de alto rigor analítico pero inhabilitadas a primera vista para dar soluciones normativas consistentes a problemas agobiantes como la desigualdad, la pobreza, la injusticia, la depredación de la naturaleza, el economicismo de la vida y varios otros problemas que sacuden a las naciones del planeta.

Es creíble que, para sacar a la filosofía del derecho de ese estado de irrelevancia, la alternativa es reorientar el pensamiento jurídico hacia un mejor entendimiento con las creaciones culturales y normativas que forman parte de la experiencia de vida y de las aspiraciones de justicia, bienestar y paz a las que tienden espontáneamente los pueblos de todo del mundo. Como dice el profesor Castro, «La sociedad es el escenario donde se forjan identidades individuales y colectivas, donde se generan significados y valores, y donde se desarrollan formas de convivencia y organización». Por ello, El derecho no es obra *per se* de los juristas, ni de los dogmáticos, ni de los iusfilósofos. En el fondo, es el resultado de la interacción comunicativa de las creaciones de todas las personas, especialistas y no especialistas, juristas y legos, élites y masas; de lo que las comunidades construyen con sus aprendizajes históricos acumulados.

Basta está sola y sustancial idea, esbozada de modo transversal en el texto que el profesor Castro nos honra prologar, para apreciar el mérito indudable del libro. El autor nos recuerda que no se puede hacer filosofía del derecho sino se valora el punto de vista de los filósofos de las distintas épocas, y si no se pondera las creaciones jurídicas que provienen de la experiencia histórica de los pueblos. Siendo el trabajo de un profesor joven, el mérito del libro se hace más notable, prueba de que los grandes problemas del derecho no son extraños —ni deben serlo— a las generaciones actuales. Prueba también de que la vena de pensamiento crítico que ha sido característico de la escuela jurídica arequipeña y sureña en importantes momentos de la historia republicana, no se ha extinguido. Pese a la esterilidad de orientación en la que da vueltas la filosofía del derecho por varias décadas, hay buenas razones para pensar que el desencanto no afecta a todas las teorías ni a todos los autores. En tal sentido, el libro que nos ofrece el profesor Castro resulta singularmente oportuno, creativo y estimulante.

Arequipa, 20 de octubre de 2023
Luis Manuel Sánchez Fernández.

Capítulo I

CUESTIONES PRELIMINARES

I. EL DERECHO ACONTECE: ENSAYO PARA UNA ONTOLOGÍA SIN ESENCIA

Es inevitable no empezar una reflexión sobre el fenómeno jurídico, sin aludir a las cuatro figuras más representativas dentro de la filosofía del derecho: Hans Kelsen, H. L. A. Hart, John Finnis y Ronald Dworkin. Pasar por alto esta indicación cuando se cavila sobre el Derecho puede llegar a ser un error; aunque, no necesariamente fatal.

Se debe dejar en claro, que la razón de su mención no pasa porque ha de realizarse una exposición de sus argumentos —potencialidades y limitaciones— o formularse críticas, correlaciones o analogías. Sobre estos y otros asuntos, los especialistas en la materia casi lograron agotar por completo el tintero, además han producido una vastísima literatura.

Nuestra pretensión es tanto modesta como limitada; y, tal vez, la breve consideración que desempeñe como justificante el hecho de traer nombres intelectualmente pesados en este espacio, es por el tipo de elementos que identifican como razones fundantes para dar cuenta sobre el Derecho.

Si dejamos de lado los compromisos epistémicos y metodológicos que cada uno defiende —o está dispuesto a defender— y desde los cuales presentan su proyecto teórico, pero, sin perder de vista la puntualización efectuada por Brian Bix con relación al hecho de que, lo que ha impedido que exista «[...] un mayor diálogo y entendimiento dentro de la teoría jurídica es la falta de reconocimiento de la variedad de formas y propósitos de las diferentes teorías de (o sobre) la naturaleza del Derecho»[1]; sucede que, todos procuraron, con diferentes matices, materializar el programa tradicional de la iusfilosofía, esto es: buscar el elemento *"trascendental"*[2] del Derecho. Entiéndase por «*trascendental*»: la pilastra fundamental que tiene la condición de ser necesaria, del que se deriva la posibilidad de sistematizar todo el armazón jurídico; además, de que se encuentra de modo previo y está presente en todo y donde sea que exista Derecho. Lo que se busca desde la filosofía del derecho son aquellas propiedades que el Derecho tiene que poseer en cualquier época y en cualquier lugar para que sea considerado como tal[3].

Aunque, en la discusión contemporánea, si bien se procura aclarar que, cuándo se pregunta por la «naturaleza» del Derecho, en ningún sentido, se interroga por notaciones esencialistas, sino por un conjunto de propiedades necesarias y suficientes que lo definen y lo distinguen frente a otros modelos normativos como: la moral, las reglas de trato social, etc.; asimismo, hacen que el Derecho sea Derecho y no otra cosa. Esta matización, ciertamente, parece abandonar y superar cualquier intento de esencialismo; no obstante, si uno presta la debida atención al supuesto cambio lingüístico de esencialismo por propiedades necesarias y suficientes, el giro termina siendo

---

1.   Bix, Brian. *Teoría del derecho. Ambición y límites*. Trad. Erika Frontini y otros. España: Marcial Pons, 2006, pág. 17.

2.   Trascendental, conforme manifiesta la RAE: 2) adj. Que es de mucha importancia o gravedad, por sus probables consecuencias.

3.   Dickson, Julie. Entrevista realizada por Jorge Luis Fabra Zamora y Andrés Molina Ochoa, en: *Estado del arte y futuro de la filosofía del derecho*. Revista: Problema. Anuario de filosofía y teoría del derecho. Número 11, Universidad Nacional Autónoma de México-Instituto de Investigaciones Jurídicas. Enero-diciembre de 2017, pág. 504.

únicamente formal o nominativo, porque si lo que se busca son propiedades necesarias y suficientes que siempre el Derecho, al margen de su ubicación temporal y espacial, tiene que tener, es decir, está obligado a poseer; entonces, el proyecto intelectual que en realidad se emprende desde la iusfilosofía contemporánea es en puridad: un esencialismo por excelencia.

Nótese que no es un elemento del Derecho en concreto, sino del Derecho en general y abstracto. Este proceder iusfilosófico emula el *modus operandi* en que la ciencia lleva a cabo su cometido: *scientia non est de particularibus*[4]. «[...] no hay ciencia de cosas particulares o concretas. Se quiere decir con esto que la ciencia no se ocupa de lo concreto, sino de entes abstractos o de razón»[5]. Los filósofos del derecho, unas veces consciente y otras veces inconscientemente, se empeñaron en suscribir esto.

Por un lado: termina siendo irónico que, siendo el Derecho destinado a regir la conducta del ser humano en una realidad determinada, sea analizado en modo abstracto y no se considere la manera en cómo se constituye en esta. No obstante, el análisis en abstracto no es algo exclusivo que aqueja al Derecho; también se replica en el cinturón de categorías normativas que se utilizan dentro del mismo; en tal sentido, se considera que, desentrañar los conceptos jurídicos fundamentales supone únicamente desatar, en abstracto, los nudos lingüísticos que los afecta.

Por otro lado: O*mnis definitio iuris est periculosa* manifiesta el *dictum* romano[6], su advertencia epistemológica, por cierto, de permanente actualidad, problematiza los intentos de

---

4. Capella, Juan Ramón. *Fruta prohibida. Una aproximación histórico—teorética al estudio del derecho y del estado*. Valladolid: Editorial Trotta, S.A., 1997, pág. 104.

5. *Ídem.*

6. *Omnia definitio in iure civile pericolosa est.* La frase se atribuye a JAVOLENO. *Cuerpo del derecho civil o sea Digesto, Código, Novelas e Instituta de Justiniano. Tomo III.* Trad. Don Bartolomé Agustín Rodríguez de Fonseca. Madrid: 1874, pág. 851. Digesto de Justiniano (D.50.17.202).

conceptualización absoluta del fenómeno jurídico. Su vigencia radica en que expresa una paradoja constitutiva del fenómeno jurídico: mientras su operatividad práctica exige cierta estabilidad conceptual; su «carácter» —esencialmente—, dinámica y contextual no solo resiste definiciones unívocas, pues, también las desborda. Como demuestra la historia de las teorías jurídicas, todo esfuerzo por fijar conceptualmente el Derecho inevitablemente reduce su complejidad, oscureciendo dimensiones medulares de su realidad operativa. Sin embargo, el peligro, no reside, tanto en el acto mismo de definir, sino en la pretensión de que alguna definición pueda agotar la riqueza polifacética de lo jurídico, que se manifiesta simultáneamente como técnica de regulación, discurso de legitimación y práctica social situada.

En contextos de pluralismo jurídico como los actuales, donde coexisten múltiples racionalidades normativas, la prudencia teórica exige abordar el Derecho como campo problemático en permanente transformación antes que como esencia conceptual inmutable. Entendido de esta forma, el brocardo: *Omnis definitio iuris est periculosa,* no invita al abstencionismo conceptual, sino a una aproximación crítica que reconozca el carácter provisional y perspectivo de toda empresa definitoria en el ámbito jurídico.

La tarea de fundamentar al Derecho, por lo general, no es algo que se atienda desde el propio Derecho, de ahí que, se advierte con certeza, la despreocupación que le asiste al sistema jurídico positivo por: [auto]fundamentarse y [auto]definirse. Estas acciones, siempre, llegan desde lo externo no desasociado al Derecho positivo, es decir, desde la iusfilosofía[7].

Se ha procurado satisfacer dichas exigencias: desde la norma fundamental y la estructura normativa escalonada de Hans Kelsen[8], pasando tanto por el modelo de reglas socialmente

---

7. MAYER, Max Ernst. *Filosofía del derecho.* Trad. Luis Legaz Lacambra. Argentina: Editorial IBdeF, 2015, pág. 19.
8. KELSEN, Hans. *Teoría pura del derecho.* Trad. Roberto J. Vernengo. México: Editorial Porrúa, 2011, págs. 45-46.

reconocidas de H. L. A. Hart[9] como por el esencialismo neo-iusnaturalista de John Finnis[10], hasta llegar a la propuesta del principialismo moralista de Ronald Dworkin[11]. Estas apuestas teóricas comulgan en la premisa ontológica de disociar lo jurídico de su raigambre histórico y material, logrando anclar al Derecho en un núcleo de estricta racionalidad y formalidad. Retomaremos estos aspectos más adelante.

Frente a estos planteamientos, la realidad exige un cambio radical que consiste en reconocer que el Derecho es práctica situada. Como advierte Pierre Bourdieu, la norma nace de rituales concretos[12]. El Derecho no puede ser sujetado, de modo exclusivo, como una entidad que se deriva de cuestiones preestablecidas. Su ser no radica en la permanencia de una estructura ni en la vigencia de una forma pura, sino en la articulación cambiante y plural de condiciones que lo hacen aparecer, persistir y transformar. Esta dinámica constituyente —que podría ser denominada: *iusgénesis*— opera como campos de fuerza relacionadas donde se trazan límites y formas de cohabitación. No existe como un objeto dado, ni como una simple expresión de voluntad colectiva, ni como codificación de ideales universales. Más bien, su existencia queda atada a un conjunto de operaciones que lo erigen como campo de experiencia, como tejido de prácticas, como forma que se entrelaza con lo viviente. Es una modalidad de articulación entre lo que se impone y

---

9.   HART, H.L.A. *El concepto de derecho*. Trad. Genaro R. Carrió. Argentina: Abeledo-Perrot, 2009, págs. 113-123.

10.   FINNIS, John. *Ley natural y derechos naturales*. Trad. Cristóbal Orrego. Buenos Aires: Abeledo-Perrot, 2000, págs. 23-45, 59-103 y 125-160.

11.   DWORKIN, Ronald. *Imperio de la justicia*. Trad. Claudia Ferrari. España: Gedisa, 1992, capítulos 1, 6 y 7. Metáfora de la red de justificación: Aunque Dworkin no usa esa frase literalmente, la imagen de principios que «tejen» coherencia moral aparece en su metáfora de la «novela en cadena», donde cada decisión judicial debe mantener coherencia con los principios subyacentes y coherentes. (Cap. 7, págs. 164-166).

12.   BOURDIEU, Pierre. *El sentido práctico*. Trad. Ariel Dilon. Argentina: Siglo XXI, 2007, págs. 26, 64-66, 69-85.

lo que responde, entre lo que se organiza y lo que resiste, entre lo que se ordena y lo que aún no tiene nombre.

II. PENSAR EL DERECHO DESDE DENTRO: UNA FILOSOFÍA DE LO JURÍDICO COMO PRÁCTICA SITUADA

El Derecho surge, no precisamente como consecuencia de una determinación natural o exigencia metafísica, sino por una tensión constante, dentro de la dinámica social, entre: lo reconocido y lo excluido. Derrida precisa esta paradoja: todo orden legal se funda en un acto de exclusión violenta. Lo jurídico surge de la fijación contingente de límites que simultáneamente instituyen y borran su propio exterior[13]. Allí donde: se definen acciones legítimas, se instauran consecuencias, se configuran obligaciones y autorizaciones, se está haciendo Derecho.

Pensar su ontología es, entonces, atender a su sustancia en su modo de suceder. No se trata de identificar únicamente qué es, sino cómo llega a ser. Este devenir no responde a un diseño natural ni a un plan concebido por una entidad divina o por un genio maligno, sino a la apertura constante de posibilidades en contextos siempre marcados por la contingencia y por prácticas repetidas que configuran —lo que a partir de los textos de Pierre Bourdieu se ha denominado— el «*habitus juridicus*»[14]. Disposición corporal que internaliza estructuras del campo legal, transformando normas abstractas en esquemas de acción

---

13. Derrida, Jacques. *Fuerza de ley. El fundamento místico de la autoridad*. Trad. Adolfo Barberá y Patricio Peñalver Gómez. Madrid: Editorial Tecnos: 2008, págs. 32-38.

14. La terminología de *habitus juridicus*, no es una categoría explicita que haya usado Pierre Bourdieu en sus textos, fue acuñada y desarrollada por Rirchad Terdinam a partir de las interpretaciones que ha realizado sobre el pensamiento de Pierre Bourdieu, en tal sentido, obsérvese: Terdinam Richard. *Body and Story: The Ethics and Practice of Teoretical Conflic*. Baltimore: Johns Hopkins University Press, 2005, pág. 141.

concretas[15], signos compartidos, violencias contenidas, compromisos sostenidos. Toda ontología del Derecho que aspire a responder a su realidad está convocada, entonces, atender a su fragilidad y a su potencia. Fragilidad, porque nunca es absoluto: depende de condiciones materiales, de equilibrios precarios, de acuerdos inestables. Potencia, porque puede modificar lo que nombra, alterar lo que regula, abrir lo que parecía cerrado. No hay esencia que lo defina, pero hay una dinámica que lo anima. Su existencia se da en los pliegues de lo institucional y lo informal, de lo declarado y lo tácito, de lo que se reconoce y lo que se intuye. En su devenir, el Derecho no se revela como una cosa, sino como un modo de habitar, ordenar y disputar el mundo social.

La filosofía del derecho, si quiere mantenerse relevante en el presente, tiene que poner en tensión sus viejas certezas y repensar radicalmente su objeto. La transformación contemporánea de los vínculos sociales, la intensificación de la técnica, la crisis ecológica, la pluralidad epistémica, la interdependencia material y la omnipresencia del significado económico obligan a repensar el fenómeno jurídico desde su modo de existencia aún más nodal. No se trata simplemente de una crisis conceptual, sino de un desplazamiento ontológico: el Derecho no se presenta como un sistema cerrado, ni como una forma racional pura, ni como una codificación coherente de valores compartidos, sino como una práctica situada que emerge de procesos complejos, contingentes y conflictivos. Pensarlo exige pensar su ser: no como entidad, sino como devenir; no como objeto, sino como experiencia relacional.

Por lo tanto, el quehacer iusfilosófico no puede limitarse solo a clarificar conceptos o evaluar sistemas normativos desde criterios racionales fijos. Está llamada a transformarse en una

---

15. BOURDIEU, Pierre y TEUBNER, Gunther. *La fuerza del derecho*. Trad. Carlos Morales de Setién Ravina. Colombia: Siglo del hombre editores, 2005, págs. 155-160.

práctica crítica que explore los modos de constitución del mundo jurídico y analizar cómo ese mundo produce subjetividades, cuerpos, posibilidades de acción y relaciones de poder. Esto exige herramientas que integren las dimensiones técnicas, epistemológicas y políticas, pero también una sensibilidad para captar su dimensión estética, performativa y experiencial. Hay que pensar al Derecho como algo más que una esfera autónoma del espíritu o como una maquinaria funcional del Estado, debemos reconocerlo como un campo vibrante, en tensión constante, donde lo normativo se enlaza con lo vital.

Así, la tarea de la filosofía jurídica ya no es fundar ni justificar el Derecho desde una posición externa, sino acompañar su devenir desde dentro, identificar sus puntos de fractura, sus momentos de invención, sus zonas de exclusión. Es desde esta comprensión relacional y procesual que la filosofía del derecho puede recuperar su potencia crítica: no como garante de certezas, sino como fuerza que interroga, abre y sostiene la posibilidad de una vida jurídica a la altura de la complejidad contemporánea.

III. CONTRA LOS FUNDAMENTOS: EL DERECHO COMO FORMA VIVIENTE MÁS ALLÁ DEL ESENCIALISMO NORMATIVO

Durante siglos, la filosofía del derecho ha descansado sobre una convicción persistente: que la normatividad jurídica remite, de algún modo, a un orden anterior, estable y cognoscible. Por ende, el Derecho tiene sentido, validez y legitimidad porque se funda en una estructura ontológica previa. Este paradigma, formulado de diversas maneras a lo largo de la tradición occidental, ha sido constante en su aspiración fundacional: ofrecer un anclaje estable al Derecho, hacer del mismo una prolongación normativa de lo real.

En la versión clásica del iusnaturalismo, el Derecho positivo encuentra su validez en su conformidad con un orden natural inteligible. En las formulaciones racionalistas modernas, como

Immanuel Kant[16], dicho orden es reconstruido por la razón práctica; en su versión contemporánea, por ejemplo, en la obra de John Finnis, se legitima por su capacidad de promover bienes humanos básicos, identificables racionalmente como universales. Aun cuando el positivismo jurídico parezca romper con esta tradición, lo hace conservando ciertos supuestos estructurales: Hans Kelsen formaliza la validez jurídica a través de una estructura normativa derivada a partir de una presupuesta norma fundamental; H. L. A. Hart reorganiza esa estructura mediante el concepto de reglas reconocidas institucionalmente; Ronald Dworkin, desde una visión más moralizante, sostiene que el Derecho consiste en la mejor interpretación coherente de los principios de justicia que estructuran una comunidad. Todos ellos, en distintos registros, comparten el presupuesto de que el Derecho remite a una forma —ya sea moral, lógica, institucional o interpretativa— que puede ser identificada, reconstruida y aplicada con pretensión de legitimidad universal.

No obstante, esta arquitectura comienza a mostrar sus límites teóricos y políticos. Las estructuras fundantes —la razón universal, la regla formal, la narrativa coherente— resultan, hoy, insuficientes para describir, interpretar y legitimar la práctica jurídica tal como se da en lo real. La normatividad no preexiste a su práctica; se constituye en ella. El Derecho no es una derivación lógica de una moral preexistente, ni una estructura

---

16. Antes de que I. KANT escribiera: La metafísica de las costumbres (1797), existen tres momentos en los que el referido autor hace referencia al derecho. 1786 [Recensión del ensayo sobre el principio del derecho natural, de Gottlieb Hufeland. Trad. De Mary Macarena, 2014]; 1793 [En torno a lo tópico. Tal vez sea correcto en teoría, pero no sirve para la práctica]; 1795 [Hacia la paz perpetua]. Aquí, ciertamente, no es el espacio, pero tiene que hacerse la siguiente advertencia: la preocupación intelectual de Kant se despliega de su forma de entender el Derecho (obsérvese la primera parte de la metafísica de las costumbres) y termina aterrizando al momento de fundamentar la libertad del ser humano y sus condiciones dentro del Estado. ¿qué significa esto? Lo que realmente le preocupa a Kant no es tanto el Derecho sino la libertad y su posibilidad dentro de la vida en colectividad.

normativa cerrada, ni una narrativa perfecta, sino una forma de vida en devenir, relacional y conflictiva. Es necesario, entonces, elaborar una crítica sistemática para abrir espacios a una ontología más adecuada: una ontología, capaz de pensar el Derecho como configuración *iusgenética* en interacción constante con cuerpos, entornos y estructuras de información.

Heredero de la tradición tomista y aristotélica, John Finnis sostiene que existen ciertos bienes humanos básicos[17] —vida, conocimiento, juego, amistad, religión, entre otros[18]— que la razón práctica puede identificar como universalmente valiosos. El Derecho, se justifica en la medida en que impulsa estos bienes y contribuye al bien común[19] y «[...] es justo en la medida en que se derive de los principios de la ley natural y promueva aquellos bienes que la razón práctica reconoce como fundamentales»[20]. Aquí, el problema de fondo no es la pretensión moral, sino la ontología subyacente: Finnis presupone una concepción abstracta y deshistoricizada del ser humano, donde los bienes aparecen como invariantes, desconectados de sus condiciones materiales de posibilidad. La subjetividad jurídica es racional y autónoma, pero ajena al cuerpo y las circunstancias sociales, históricas y culturales. Su teoría omite las condiciones de posibilidad biopolíticas, afectivas, económicas y ecológicas que hacen que un bien sea tal en contextos situados. Al mismo tiempo, al presentar su teoría como universal, invisibiliza la pluralidad de cosmovisiones y formas de vida que no se rigen por el horizonte teleológico del iusnaturalismo occidental. Su propuesta es, en rigor, un esencialismo: postula una moral sin cuerpo y una justicia sin diferencia.

La teoría de Hans Kelsen, desde otro ángulo, cae en un formalismo purista igualmente problemático. Al tratar de aislar al Derecho de toda contaminación ideológica, sociológica o mo-

---

17. *Óp. cit.* FINNIS, John. *Ley natural y derechos naturales...*, pág. 58.
18. *Ibidem*, pág. 85.
19. *Ibidem*, pág. 34.
20. *Ibidem*, pág. 152.

ral[21], construye su teoría «pura», donde el Derecho es concebido como un sistema lógico de normas válidas cuya estructura jerárquica se deriva de una norma fundamental[22]. En este modelo, el Derecho es autovalidado por su forma, no por su contenido. Pero esta pureza teórica se alcanza al precio de vaciar al Derecho de toda experiencia vivida. La norma, en Kelsen, flota sin cuerpo, sin práctica, sin afectividad, sin entorno institucional concreto. La norma, convertida en artefacto lógico, pierde toda potencia transformadora. Kelsen, en su afán por excluir la moral y otros componentes, termina por excluir también la vida.

Hart intenta introducir una dimensión social al positivismo normativo, al sostener que el Derecho es un sistema de reglas cuya validez se reconoce institucionalmente a través de una práctica común. Como él mismo afirma:

«La existencia de un sistema jurídico implica que las reglas de reconocimiento son aceptadas como criterios comunes de validez jurídica por los funcionarios del sistema»[23]. Su idea de la regla de reconocimiento parece más empírica que la *Grundnorm* kelseniana —pues, en sus palabras, no es una ficción, sino una práctica jurídica efectiva[24]—, pero sigue operando como una instancia fundacional que organiza todo el sistema. El Derecho, en Hart, es más realista en términos institucionales —el Derecho surge cuando las reglas primarias de obligación se unen a reglas secundarias de reconocimiento, cambio y adjudicación[25]—, aunque sigue siendo ciego a su dimensión material e informacional: las reglas son tratadas como estructuras abstractas, la teoría, dice Hart, debe distinguir entre la validez de una regla y su eficacia social[26], sin atención al modo en que son producidas, sostenidas, reinterpretadas o erosionadas en

21. *Óp. cit.* KELSEN, Hans. *Teoría Pura del Derecho...*, pág. 65.
22. *Ibidem*, pág. 204.
23. *Óp. cit.* HART, H.L.A. *El Concepto de Derecho...*, pág. 107.
24. *Ibidem*, pág. 110.
25. *Ibidem*, pág. 89.
26. *Ídem.*

contextos sociales específicos. Además, su teoría idealiza el consenso institucional, como cuando afirma que «la regla de reconocimiento une al sistema jurídico mediante la aceptación común por parte de los jueces y funcionarios»[27], omitiendo la conflictividad estructural, la disidencia jurídica y la fricción entre formas de vida que constituyen la experiencia misma del Derecho. La norma no es aquí vivida, sino reconocida: es una forma vaciada de fricción, reducida a lo que Hart describe como «un punto de vista interno compartido»[28]. Esta idealización queda en evidencia cuando Hart admite que «la perspectiva de los ciudadanos que obedecen por coerción difiere radicalmente de la de los funcionarios»[29], pero no desarrolla cómo esta asimetría desafía la unidad del sistema.

Dworkin, finalmente, ofrece una crítica potente al positivismo y propone una teoría como práctica interpretativa. Como él mismo afirma:

«El Derecho no es solo un conjunto de reglas discrecionales, sino un sistema de principios que expresan una concepción coherente de justicia y equidad»[30]. Su idea de que el Derecho no es una colección de reglas sino una narrativa coherente de principios morales —el Derecho como integridad exige que el Estado actúe según principios unitarios de justicia[31]—, sin duda, representa un avance conceptual. Pero sigue atrapado en una lógica representacional: la interpretación consiste en encontrar «la mejor construcción moral posible del sistema jurídico»[32], lo que él denomina la respuesta correcta incluso en los casos difíciles. La figura del juez Hércules, que resuelve los casos «reconstruyendo la historia institucional como un relato

---

27. *Ibidem*, pág. 113.
28. *Ibidem*, pág. 102.
29. *Ibidem*, pág. 117.
30. *Óp. cit.* DWORKIN, Ronald. *El imperio de la justicia...*, pág.190.
31. *Ibidem*, pág. 225.
32. *Ibidem*, pág. 239.

de principios en evolución»[33], idealiza la agencia judicial y reduce la interpretación jurídica a un ejercicio racional de reconstrucción narrativa. «La pretensión de coherencia narrativa, afirma Judith Butler, oculta las exclusiones que constituyen lo jurídico»[34]. Lo que se invisibiliza en esta concepción es el cuerpo del juez —la interpretación nunca ocurre desde un punto cero, sino desde posiciones encarnadas—, sus límites afectivos y políticos, la materialidad institucional de la práctica judicial y la violencia estructural que puede encubrirse bajo la coherencia narrativa. En contextos de exclusión estructural, la exigencia de integridad —el Derecho como sistema sin contradicciones morales[35]—, puede funcionar como dispositivo de silenciamiento.

Repensar el Derecho desde esta ontología implica abandonar la nostalgia del fundamento y asumir la exigencia ética de la *co-creación* institucional. El Derecho: lo hacemos, lo habitamos, lo disputamos. Es procesual, no meramente normativo y se constituye a través de procesos *iusgenéticos* que involucran cuerpos, símbolos, instituciones, entornos y flujos de poder.

---

33. DWORKIN, Ronald. *Los derechos en serio.* Trad. Marta Guastavino. Barcelona: Ariel, 1984, pág. 167.
34. BUTLER, Judith. *Mecanismos psíquicos del poder. Teorías sobre la sujeción.* Trad. Jacqueline Cruz. Madrid: Cátedra, 2001, pág. 112.
35. *Óp. cit.* DWORKIN, Ronald. *Imperio de la justicia...*, pág. 412.

CAPÍTULO II

CONDICIÓN DE LA FILOSOFÍA DEL DERECHO

I.   EN TORNO A LA FILOSOFÍA DEL DERECHO

1.1. Rol y relevancia contemporánea

La filosofía del derecho ha sido, desde sus orígenes, una disciplina que busca dar cuenta de su objeto de estudio[36], de su método y de su lugar dentro del pensamiento jurídico y político.

Su instauración, para la modernidad, no puede ubicarse exclusivamente en la sistemática hegeliana[37]; su origen se encuentra en los tratados de *philosophia iuris* del siglo XVII. Los textos desarrollados en este periodo no fueron meras introducciones escolásticas, constituyen proyectos epistemológicos para fundar una ciencia jurídica moderna[38]. Son de suma im-

---

36.   «Una teoría del derecho tiene, ante todo, que determinar conceptualmente su objeto». Vid. KELSEN, Hans. *Teoría pura del derecho...*, pág. 44.

37.   GONZÁLEZ VICEN, Felipe, en su artículo: *La filosofía del derecho como concepto histórico. Anuario de filosofía del derecho, 1969.* Atribuye la mayor posibilidad a Hegel el hecho de haber introducido de modo paulatino el cambio terminológico de derecho natural por el de filosofía del derecho. pág. 59.

Enlace: https://www.boe.es/biblioteca_juridica/anuarios_derecho/articulo.php?id=ANU-F-1969-10001500066.

38.   VILLEY, Michell. *Los fundadores de la escuela moderna del derecho natural.* Trad. C.R.S. Argentina: Ediciones Ghersi, 1978, págs. 11-12 y 17.

portancia los trabajos que florecieron entre 1650 y 1730 en los centros universitarios del Sacro Imperio Romano Germánico. En textos —como el *Philosophia juris vera* de Franciscus Julius Chopius (1650) o el *Philosophia juris ostensa* de Christian Thomasius (1682)— se planteaban preguntas que hoy siguen resonando: ¿puede la iusfilosofía ofrecer fundamentos al Derecho positivo?, ¿cómo se articulan razón, historia y justicia?, ¿es posible un Derecho que sea, a la vez, racional y situado? Estas cuestiones fueron formuladas con sentido práctico y metodológico.

La autonomía del Derecho en el siglo XVII no implicaba divorcio de la ética, en su búsqueda de un método propio, lo que se trataba era de pensar al Derecho como una disciplina autónoma —suficiente en sí misma—, aunque no aislada; sistemática —demostrada por método geométrico—, pero no cerrada[39].

Esta tradición preparó el camino tanto para el formalismo jurídico moderno como para sus críticas. La iusfilosofía moderna, siguiendo la línea trazada, le apuesta al proyecto que concibe al Derecho como un sistema. Juan Ramón Capella pone de manifiesto este modo de proceder. En sus palabras: «El *Derecho* de las sociedades del capitalismo concurrencial, pese a tomar muchas de sus categorías del derecho romano —como había hecho ya la juridicidad del feudalismo—, difiere radicalmente de todo Derecho anterior por un proyecto de sistematicidad, de exactitud, de fiabilidad e incluso de completud de la que carece el Derecho premoderno»[40].

No es difícil evidenciar que la comprensión del Derecho como sistema, luego de haberse inaugurado la modernidad, termina siendo una exigencia del dominio de la razon, que en ese momento se caracterizada como: absoluta, invariable y universalmente válida. La consecuencia del racionalismo moderno

---

39.   RAMIS BARCELÓ, Rafael. *El nacimiento de la Filosofía del derecho: de la Philosophia iuris a la Rechtsphilosophie*. Madrid: Dykinson, 2021, págs. 11-12, 48-49, 70.

40.   *Óp. cit.* CAPELLA, Juan Ramón. *Fruta prohibida...*, pág. 132.

para el Derecho es que, reclama la emancipación jurídica de cualquier componente histórico, político, moral, etc., que no esté en la capacidad de sostenerse a su examen crítico. Por lo tanto, lo jurídico queda legitimado bajo criterios de estricta racionalidad.

Gustav Radbruch partiendo desde una concepción materialista señala que, la filosofía del derecho es: «[...] política espiritualizada y la Política lucha de clases espiritualizada, esta espiritualización abre paso a una legalidad propia del espíritu y posibilita su reacción sobre las fuerzas, cuya espiritualización significa»[41]. La formulación radbruchiana implica que el ejercicio iusfilosófico es una forma elevada de hacer política: ciertamente, no administra leyes, sino que reflexiona sobre la justicia, el poder y la sociedad desde el pensamiento. Y este acto reflexivo —aunque parezca o tenga el sello de lo «espiritual»— no termina siendo inofensiva, porque consigo lleva la pretensión de querer modificar cómo entendemos el Derecho y, con ello, cómo se ejerce el poder y se organiza la sociedad. Primero, dice Gustav Radbruch: hay filosofía del derecho; luego le precede la revolución[42].

Por su parte, Eduardo García Máynez suscribe que la filosofía del derecho no se limita a describir o sistematizar las normas jurídicas, también está habilitada para interrogarlas en sus fundamentos, sus finalidades y sus límites[43]. Su tarea, por cierto, inherente, es de naturaleza crítica, no simplemente explicativa o descriptiva. La iusfilosofía no tiene por qué limitarse solo a saber cómo está constituido el Derecho; también debe preocuparse por averiguar cómo debería ser; y, de esta forma, quizá, sea factible abrir una posibilidad a efecto de superar la tensión constante entre ser y deber ser, pero no mediante su eliminación; sino, como diría Hegel, a través de una reconcilia-

---

41. RADBRUCH, Gustav. *Filosofía del derecho*. Trad. José María Echevarría. España: Editorial REUS, 2007, pág. 51.

42. *Ídem.*

43. GARCÍA MÁYNEZ, Eduardo. *Filosofía del derecho*. México: Editorial Porrúa, 2009, pág. 22.

ción dialéctica en la eticidad concreta. La filosofía del derecho no anula la tensión, sino que la transforma en motor de la libertad. La verdadera reconciliación consiste en que el deber se realiza en el ser, y el ser deviene expresión del deber[44]. Este compromiso con la racionalidad normativa la distingue de la dogmática jurídica y la convierte en garante de una reflexión metajurídica indispensable tanto para evitar como para superar el formalismo acrítico.

El Derecho, señala Luis Recaséns Siches, se nos ofrece como algo lleno de sentido, de significación, como expresión de una estructura de fines y de medios congruentes, como intencionalidades[45]. Si bien es cierto, que el Derecho está integrado preferentemente por normas positivas, no obstante, es preciso no olvidar los valores que quiere materializar y su relación con la realidad social[46]. Respecto a esta última cuestión, Luis Recaséns Siches, manifiesta que: «[...] la norma ha sido engendrada por una cierta realidad social y con el propósito de remodelar esta realidad»[47]. El carácter performativo, que hace explícito la proposición de Luis Recaséns Siches, tiene que ser tomada con moderación, se acepta tal pretensión; si la forja del material jurídico y del cinturón conceptual que acompaña al Derecho ha sido impulsada por las fuerzas materiales del lugar donde este desea hacer uso su motor performativo. De no ser así, es decir, si el Derecho y todo el componente jurídico se alimenta de fuentes ideológicas y políticas que están ausentes en el lugar donde se quiere aplicar, lo performativo del Derecho termina imponiéndose; no precisamente por virtud hermenéutica sino a martillazos.

No hay que olvidar que, en la actualidad, el Derecho ya no proviene exclusivamente de la agotada figura Estado-nación.

---

44.   HEGEL, G.W.F. *Enciclopedia de las ciencias filosóficas*. Trad. Ramón Valls Plana. España: Alianza Editorial, 2010, parágrafo 514.
45.   RECASÉNS SICHES, Luis. *Tratado general de filosofía del derecho*. México: Editorial Porrúa, 2006, pág. 54.
46.   *Ibidem*, pág. 161.
47.   *Ídem*.

aparece en tratados internacionales, estándares de carácter ético y técnico y normas consuetudinarias. Este pluralismo normativo impone a la filosofía del derecho la tarea de repensar su gramática analítica: ya no basta con preguntar por la validez o la coherencia interna del sistema; ahora es imprescindible volver a explorar su legitimidad política, su eficacia social y su performatividad institucional.

En estas circunstancias, la filosofía del derecho encuentra un nuevo impulso. Puede y debe formular propuestas conceptuales capaces de articular categorías como agencia, norma y comunidad desde coordenadas contemporáneas. Igualmente, está llamada a asumir su dimensión performativa: no sólo describe o analiza; al mismo tiempo, instituye significados, configura horizontes de legitimidad, reescribe lo jurídico. Interrogaciones como «¿qué es justicia?», «¿qué significa hoy igualdad?», o «¿quién es el sujeto jurídico en la era digital?» no son preguntas teóricas neutrales, sino actos de intervención conceptual en el campo jurídico y político.

En efecto, la filosofía del derecho, también, es una toma de posición frente al poder que emite, ejecuta e interpreta el material jurídico. Allí donde la legalidad se convierte en tecnocracia, o donde el principio de autoridad reemplaza al principio de argumentación, la filosofía jurídica recupera su función insumisa: preguntar por el fundamento cuando ya nadie pregunta, someter a juicio la forma cuando la forma se absolutiza. En este sentido, más que una ciencia o una disciplina, la filosofía del derecho es una forma de vigilancia epistémica sobre las estructuras jurídicas, una conciencia crítica que resiste tanto al formalismo doctrinal como al decisionismo pragmático.

La convicción, hasta el momento, es que: la filosofía del derecho se vuelve insoslayable en tiempos de crisis de sentido. Pensar el Derecho no termina reducido a explicar lo que hay; también, es abrir la posibilidad de lo que aún no ha sido pensado.

1.2. Crisis de impotencia y angustia

Una de las condiciones decisivas para el impulso contemporáneo de la filosofía del derecho es el reconocimiento de su propio «agotamiento». No se trata únicamente de señalar las limitaciones de ciertas escuelas teóricas o manifestar el fracaso del paradigma dominante; sino de admitir que: muchos de sus discursos más influyentes, ha entrado en una etapa de «impotencia» creativa y «angustia» epistémica.

La «impotencia» no es, por tanto, un accidente coyuntural, sino el resultado de un modelo epistemológico que privilegia la neutralidad, la precisión lógica y la eficiencia categorial por encima de la pregunta radical, situada y abierta. Su manifestación en la filosofía del derecho se centra en su falta de pertinencia transformadora: se teoriza sin contacto con la realidad normativa viva, se esquematiza sin atender a la heterogeneidad cultural, se sistematiza sin preguntar por el origen histórico ni por los efectos materiales del Derecho.

En tanto que, la «angustia» que afecta a la filosofía jurídica no queda atrapada en la cuestión teórica: es ontológica y política. La disociación entre el discurso filosófico y la producción real del Derecho —tanto normativa como institucional— genera una creciente deslegitimación del pensamiento jurídico como instancia crítica. De hecho, muchas Facultades de derecho han vaciado de contenido formativo a los cursos de filosofía del derecho, reduciéndolos a un repaso de autores canónicos o a una introducción metodológica desprovista de interrogación ontológica. Esta neutralización académica es un síntoma: allí donde la filosofía jurídica es tratada como un apéndice decorativo, el Derecho se convierte en mera tecnología normativa, desprovista de reflexión sobre el poder, el lenguaje y la justicia. De allí que la «angustia» no consista solo en no saber, sino en saber que el saber no transforma. Es la «angustia» de un pensamiento que repite fórmulas y categorías, mientras el campo jurídico real se redefine a través de nuevas tecnologías, actores no estatales y narrativas desreguladas.

Este malestar no es exclusivo de la iusfilosofía, forma parte de una crisis general del pensamiento filosófico en la modernidad tardía. Alain Badiou, en su texto; *Manifiesto por la filosofía,* sostiene lo siguiente: la filosofía se encuentra en un estado de «impotencia» y «angustia». Es prudente y significativo advertir que, lo señalado por Alain Badiou no constituye una apreciación o un juicio de valor del estado actual de la filosofía, en decir, su planteamiento no representa un enunciado evaluativo sobre el contexto en el que se encuentra el quehacer filosófico, es más bien: descriptiva y constatativa.

Su reflexión sobre la «impotencia» filosófica no debe ser entendida como una decadencia irremediable o una pérdida de relevancia y de sentido de la filosofía, es un llamado a la autocrítica y una oportunidad para repensar el rol que tiene en la contemporaneidad.

La intención de Alain Badiou va más allá del hecho de verificar el estado de la filosofía, porque, busca atraer la atención respecto al hecho de que los filósofos, por alguna razón, tienden a construir «sistemas absolutos», cerrados y definitivos, cuyas pretensiones es el de encontrar una verdad definitiva y universal, que abarque toda la realidad y agote todas las posibilidades de pensamiento. La búsqueda de una verdad en estas condiciones sacrifica la riqueza y la complejidad de la experiencia humana, cierra las puertas a múltiples interpretaciones y perspectivas. En lugar de adherirse a «sistemas absolutos», lo que se debe hacer: es pensar de manera abierta y descentralizada, evitando los parámetros conceptuales rígidos que imponen límites a la capacidad de cuestionamiento y la libertad de pensamiento. Abogar por una filosofía que se mantenga en constante movimiento, dispuesta a explorar nuevas direcciones y a cuestionar lo establecido, sin buscar alcanzar una verdad final e inmutable. Y, los filósofos tienen la responsabilidad de comprometerse con los problemas sociales y políticos que afectan a la humanidad. No pueden permanecer aislados en una torre de marfil; y, la filosofía tiene que convertirse en una herramienta poderosa para la transformación y el cambio, capaz de inspirar nuevas maneras de pensar y actuar en el mundo.

«La filosofía es un modo eminente del decir: el decir del pensar. Pero pensar es el rasgo eminente en la esencia del hombre. En el pensar reposa la relación del ser en tanto que relación al hombre»[48]. Esta expresión, entendida como: el decir del pensar, en algún punto, tiene la nota distintiva de ser singular; de ahí que posea la fuerza necesaria para renovar la experiencia del pensar[49]. No obstante, esta renovación no es gratuita porque se sustenta en toda una tradición histórica del pensar filosófico. Por lo tanto; es crucial reconocer que esta singularidad no se origina de manera aislada o independiente, no surge de la nada, y está arraigada en una tradición histórica del quehacer filosófico.

En tal sentido, la filosofía se presenta como un conocimiento en incesante reinvención y reinterpretación, lo que la mantiene viva y relevante a lo largo del tiempo. Esta singularidad del «decir del pensar» sugiere que cada reflexión filosófica, cada argumento y planteamiento tiene su carácter único y enriquecedor, contribuyendo así a la diversidad y profundidad del pensamiento humano.

A lo largo de la historia, filósofos y pensadores han generado una compleja red de ideas, conceptos y corrientes filosóficas que han influido y florecido el pensamiento. La renovación constante del «decir del pensar» se nutre de esta tradición filosófica, adoptando y transformando ideas pasadas para abordar los desafíos y cuestionamientos del presente.

José Ortega y Gasset considera que: «(...) en la historia de la filosofía solo cabría hablar de efectivo y demostrable progreso si hay una filosofía definitiva cuya génesis aparece en el pasado. Solo en la medida en que los pensadores antiguos hayan ido poco a poco descubriendo los elementos que inte-

---

48.   HEIDEGGER, Martin. *¿Qué es esto, la filosofía?* Trad. Víctor Li Carrillo. Lima: Universidad Nacional de San Marcos, 1985, pág. 11.
49.   *Ibidem*, pág. 30.

gran esa filosofía definitiva pueden ser considerados como pasos que avanzan hacia una meta y, por tanto, en progreso»[50]. ¿Cuántos plantean enunciados singulares en la actualidad? Alain Badiou responde del modo siguiente:

«No hay muchos filósofos en Francia hoy en día, aunque haya más que en otros países, sin duda. Se podrían contarse fácilmente con los dedos de las dos manos. Si consideramos filósofos a aquellos que proponen para nuestro tiempo enunciados singulares, identificables, y si ignoramos por lo tanto a los comentadores, a los indispensables eruditos, y a los vanos ensayistas, nos quedamos con una escasa docena»[51].

Dejando de lado las posibles críticas que se le puede hacer al referido pensador francés por el uso y el significado restrictivo de la idea de filósofos y sus consecuencias, porque excluye a figuras que han marcado decisiva influencia con sus comentarios y análisis de los planteamientos efectuados por filósofos existentes. Esta idea parece ser contraintuitiva, es natural creer que los comentadores y eruditos juegan un papel fundamental en la comprensión y la difusión del pensamiento filosófico, al aclarar conceptos complejos y contextualizar las ideas. Su trabajo crítico puede enriquecer y enmarcar el debate. Pero, al margen de esto, lo que resalta en la posición de Alain Badiou es que la glosa filosófica se ha incrementado considerablemente, a veces, llegando incluso a presentarse una glosa de la glosa sin conseguir añadir algo distinto a lo que se ha escrito. «La filosofía ya no parece tener la fuerza para inaugurar; se limita a comentar, a interpretar, a gestionar los residuos de las grandes categorías agotadas»[52]. Por su parte, Martin Heidegger suscribe que: «El sistema es el final de la filosofía. Es el momento

---

50. ORTEGA y GASSET, José. *Historia como Sistema*. Madrid: Revista de occidente, 1958, pág. 124.

51. BADIOU, Alain. *Manifiesto por la filosofía*. Trad. Jorge Saborido. Buenos Aires: Nueva Visión, 1990, pág. 7.

52. *Ídem*.

en el que la filosofía cesa de interrogar, porque cree que todo ya ha sido pensado»[53].

Continua Alain Badiou, quizás se encuentre: «¿Diez filósofos? ¿O más bien «filósofos»? Pues lo extraño es que en su mayoría dicen que la filosofía es imposible, que está acabada, delegada a otra cosa que a ella misma. Lacoue-Labarthe por ejemplo: «ya no hay que tener deseo de filosofía». Y casi al mismo tiempo Lyotard: «la filosofía como arquitectura esta arruinada»[54].

El posicionamiento de Lacaue-Labarthe y Lyotard con respecto al agotamiento del pensar filosófico se basa en la crítica a la tendencia de la filosofía a culminar en sistemas absolutos, totalizantes y aplastantes. Ambos filósofos buscan alejarse de esta forma de hacer filosofía, argumentando que el aferrarse a arquetipos absolutos y tipologías conceptuales rígidas limita la capacidad de pensamiento crítico y la apertura a otras posibilidades de reflexión.

Se debe pensar que, el «agotamiento» del pensar filosófico no constituye un fin en sí mismo, sino un punto de partida para un pensamiento más libre, creativo y receptivo a la diversidad de perspectivas y enfoques. Invita a una filosofía capaz de dar cabida a la incertidumbre, a la ambigüedad y a la multiplicidad, reconociendo la complejidad inherente a la experiencia humana y abrazando la responsabilidad de enfrentar las paradojas y contradicciones que emergen en el proceso de reflexión.

¿Acaso, el contexto contemporáneo de la iusfilosofía y el quehacer de la filosofía del derecho latinoamericano sea igual o no dista mucho de la constatación que Alain Badiou ha realizado sobre el estado en el que se halla la filosofía y el pensar filosófico?

---

53. HEIDEGGER, Martin. *Qué significa pensar.* Trad. Helena Cortés y Arturo Leyte. Madrid: Trotta, 1994, pág. 154.
54. *Óp. cit.* BADIOU, Alain. *Manifiesto por la filosofía...*, pág. 7.

En el contexto específico del quehacer de la filosofía del derecho, la implicancia de utilizar modelos arquitectónicos fundamentalistas y absolutos radica en la simplificación excesiva y la rigidez que esto puede generar en el análisis del Derecho. Al presentar teorizaciones de este como modelos absolutos e inflexibles, se corre el riesgo de perder de vista la complejidad y la multiplicidad de interpretaciones que pueden existir en relación con cuestiones legales y éticas.

Siendo esto la realidad, entonces, ahora la filosofía del derecho no solo no es filosofía, asimismo, se encuentra en un «punto muerto».

No es filosofía, porque es incapaz de poner en tensión, criticar y transformar la realidad. Una verdadera filosofía es, necesariamente, emancipadora; por ende, lleva consigo el propósito de liberar al ser humano de ataduras y estructuras sociales, políticas y económicas opresoras y hostiles.

En una concepción más tradicional de la filosofía, esta se concibe como una disciplina que busca comprender la «naturaleza» del ser humano y del mundo, y que se esfuerza por reflexionar críticamente sobre los fundamentos de las instituciones y estructuras sociales, políticas y económicas. Así, una verdadera filosofía se consideraría emancipadora en su búsqueda por liberar al ser humano y fomentar una sociedad más justa y equitativa.

Desde esta variante, si la filosofía del derecho no logra llevar a cabo un análisis crítico y emancipador, se podría argumentar que ha perdido su verdadero propósito filosófico. La falta de capacidad para poner en tensión y transformar la realidad podría deberse a diversas razones, como la consolidación de teorías dominantes que no cuestionan las estructuras de poder existentes o la vinculación excesiva con aspectos técnicos y positivistas del Derecho, en detrimento de su dimensión filosófica.

Puede que la filosofía del derecho este en un «punto muerto» por doble razón:

La primera, porque el pensar iusfilosófico se ha reducido a perfilar cuestiones meramente conceptuales y no mira, mejor dicho, olvida la múltiple heterogeneidad de los diversos contextos. No implica en su teorización a este elemento; en consecuencia, al no implicarlo de manera negligente, no lo explica. Esta falta de implicación con la realidad concreta lleva a que las teorías se queden en el nivel de pura abstraccion, sin lograr una conexión significativa con los desafíos y problemas reales que enfrenta el Derecho en distintas sociedades y culturas.

La segunda, se refiere a que muchos filósofos del derecho, especialmente en el escenario latinoamericano, tienden a enfocarse en realizar comentarios o glosas eruditas de las teorías y categorías elaboradas por unos pocos autores importantes. Esta dependencia excesiva de ciertas posiciones teóricas puede limitar la originalidad y la capacidad crítica de la filosofía del derecho en la región, ya que se centra en repetir y reafirmar las ideas ya establecidas en lugar de buscar nuevos enfoques y soluciones.

Ambas razones pueden contribuir a estancar el desarrollo y el avance de la filosofía del derecho en el ámbito latinoamericano y más allá. Para superar este «punto muerto», es necesario que los filósofos del derecho se abran a una mirada más amplia y contextualizada, que considere las particularidades y desafíos específicos de cada sociedad y que busque nuevos caminos de reflexión y análisis.

La filosofía jurídica no puede seguir siendo teoría de la norma abstracta: debe convertirse en crítica de las formas concretas. Por tanto; la filosofía del derecho contemporánea está llamada a superar la «impotencia» y la «angustia» no regresando al pasado, ni formulando sistemas definitivos, sino reabriendo las preguntas que le dan sentido. Esto implica un gesto de ruptura con la comodidad del comentario, y un movimiento hacia la interrogación radical: ¿qué Derecho producimos?, ¿qué exclusión es legítima?, ¿qué racionalidades naturaliza?, ¿a quién le sirve? Reinstaurar estas preguntas es devolverle al pensamiento jurídico su dimensión fundacional. Solo así puede volver a hablar con potencia, es decir, con capacidad para abrir mundos posibles.

Su tarea fundamental es abrir espacios para una racionalidad situada, capaz de dialogar con las memorias históricas, las epistemologías subalternas y las luchas sociales que atraviesan los contextos jurídicos concretos. Esto exige abandonar el fetichismo conceptual y volver a pensar el Derecho como una práctica cultural, conflictiva y transformadora, atravesada por relaciones de poder, por discursos y por resistencias. En el horizonte latinoamericano, esto significa asumir las demandas de justicia desde el Sur, articular teoría y *praxis*, y cultivar una filosofía jurídica que no solo interprete el mundo, sino que contribuya a cambiarlo.

II. RECUPERACIÓN DE LA EXPERIENCIA, EL LENGUAJE Y LA *PRAXIS*

Uno de los síntomas más visibles de la crisis contemporánea de la filosofía del derecho es el olvido de la experiencia jurídica concreta. Durante décadas, la reflexión se ha desplazado hacia modelos cada vez más abstractos, estructurados sobre nociones de validez, coherencia interna y sistematicidad lógica, ignorando las condiciones materiales, lingüísticas y vivenciales en las que el Derecho cobra sentido. Esta tendencia ha dado lugar a una concepción del Derecho desligada de la vida, reducida a una gramática normativa que opera al margen de las formas reales de existencia.

El Derecho como práctica no es neutra ni inocente: está imbricada en estructuras simbólicas, relaciones de poder y procesos de significación que solo pueden ser comprendidos si se asume su carácter lingüístico y performativo. En efecto, el lenguaje jurídico no simplemente describe o regula una realidad dada, sino que la constituye: produce los sujetos, delimita los márgenes de lo lícito, configura las relaciones posibles.

La filosofía hermenéutica ha ofrecido una herramienta fundamental para repensar el fenómeno jurídico como fenómeno de comprensión. Hans-George Gadamer escribe que: «el ser que puede ser comprendido es lenguaje»[55]. Esto no equivale a relativismo, sino a una ontología de la interpretación: toda comprensión jurídica es mediada por el lenguaje, la tradición y la historia, y por tanto no es nunca puramente objetiva ni inmediata.

El redescubrimiento del lenguaje y de la experiencia exige, en consecuencia, una revaloración filosófica de la *praxis*. Frente al formalismo normativista, que ve en el Derecho un sistema de normas abstractas, la *praxis* jurídica aparece como un espacio histórico y conflictivo en el que convergen intereses, ideologías y narrativas. La *praxis* implica acción situada, interpretación y afectación situadas. El Derecho, lejos de ser unívoco, es un campo de disputa por el sentido. Como señala Carlos Santiago Nino, «toda teoría del derecho debe ser sensible a las condiciones institucionales y prácticas en las que el derecho opera, si pretende conservar su relevancia normativa»[56].

Recuperar la experiencia, el lenguaje y la *praxis* no significa renunciar a la teoría, sino reformularla desde los márgenes, desde el habla del otro, desde el conflicto. La filosofía del derecho que viene no será abstracta ni autocomplaciente, sino crítica, situada y comprometida. Esto implica desmontar las ilusiones del formalismo, abrir el pensamiento jurídico a los procesos, las narrativas y las prácticas históricamente excluidas. Es allí, en esa reapropiación de lo concreto, donde puede emerger una iusfilosofía verdaderamente emancipadora.

Esto termina siendo nodal si se quiere evitar que la iusfilosofía desemboque en el abismo de lo nebuloso[57]. Por el contrario, debe someter sus categorías a prueba frente a las prácticas jurídicas reales y los conflictos normativos de nuestro tiempo. De allí que se propone una filosofía jurídica que se involucre

55. GADAMER, Hans-Georg. *Verdad y método I*. Trad. Ana Agud y Rafael de Agapito. Salamanca: Ediciones Sígueme, 1997, pág. 474.

56. NINO, Carlos Santiago. *Fundamentos de derecho constitucional*. Buenos Aires: Astrea, 1992, pág. 61.

57. CATHEREIN, Víctor. *Filosofía del derecho. El derecho natural y el positivo*. Trad. Alberto Jardon y Cesar Barja. Madrid: Editorial REUS, 2002, págs. 4-5.

con la producción real del Derecho en contextos históricos específicos, asumiendo un papel analítico, pero también transformador.

III. FILOSOFÍA DEL DERECHO COMO PUENTE ENTRE RACIONALIDAD Y CONTEXTO

3.1. Interacción entre teoría y *praxis*

Una de las condiciones básicas para revitalizar la filosofía del derecho contemporánea es la reconfiguración de su vínculo con la *praxis*. Y, toda teoría jurídica que aspire a conservar relevancia normativa debe ser capaz de dialogar críticamente con la *praxis* institucional, con las formas concretas de aplicación del Derecho y con los sujetos que lo experimentan.

Pensar la relación entre teoría y *praxis* no supone una subordinación mecánica de la iusfilosofía a los hechos, sino la asunción de una tarea crítica: interrogar los marcos conceptuales desde la historicidad de su emergencia, desde las condiciones materiales de su eficacia, y desde los efectos que producen en la vida de las personas. El olvido de esta dimensión práctica ha conducido, en muchos casos, a una filosofía jurídica estéril, incapaz de responder a las transformaciones del campo jurídico contemporáneo.

Este llamado a la *praxis* ha sido reconocido desde diversas corrientes del pensamiento jurídico. Luis Recaséns Siches, por ejemplo, sostenía que «el Derecho no es simplemente una norma abstracta, sino una realidad viviente, una manifestación del *ethos* social que se manifiesta en cada época histórica»[58].

La esterilidad teórica se agudiza cuando el pensamiento jurídico se repliega sobre sí mismo y convierte la coherencia lógica en su único criterio de validez. La consecuencia de este

---

58. RECASÉNS SICHES, Luis. *Tratado general de Filosofía del Derecho*. México: Porrúa, 2006, pág. 101.

repliegue es una forma de racionalidad clausurada, que no escucha las tensiones del presente ni se deja interpelar por los conflictos sociales.

Incluso desde posiciones más normativistas, como la de Eduardo García Máynez, se admite que «la filosofía del derecho no puede ignorar que el contenido normativo del Derecho se proyecta en la conducta real de los individuos en sociedad»[59]. Esta proyección no es accidental, sino esencial: todo enunciado jurídico está referido a prácticas sociales, a decisiones institucionales, a interpretaciones concretas. En consecuencia, una teoría que no reflexione sobre la experiencia jurídica se vuelve incompleta.

Autores contemporáneos como Chiassoni han advertido que «el formalismo jurídico ha tendido a disolver el conflicto en la neutralidad técnica, lo que constituye una negación de la complejidad real del fenómeno jurídico»[60]. La neutralización técnica no es inocente: elimina el conflicto, invisibiliza la desigualdad, estetiza la violencia estructural. Frente a ello, urge una teoría jurídica capaz de asumir el conflicto como dato estructural de la *praxis*, y no como un accidente lógico del sistema.

En suma, la recuperación de la *praxis* como categoría filosófica no significa renunciar a la teoría, sino darle sentido.

3.2. Arco narrativo: de la abstracción al contexto vivo

Toda filosofía jurídica que aspire a conservar su vitalidad y función crítica debe atravesar un arco narrativo que la aleje de la clausura de lo abstracto y la devuelva al espesor de lo vivido. Este tránsito —que no es lineal ni puramente metodológico— implica reconocer que el pensamiento iusfilosófico no puede quedarse en la seguridad de los sistemas cerrados ni en la elegancia de la coherencia lógica. El Derecho, en tanto fenó-

---

59.   *Óp. cit.* GARCÍA MÁYNEZ, Eduardo. *Filosofía del Derecho*, pág. 32.
60.   CHIASSONI, Pierluigi. *Desencantos para abogados realistas.* Compilador Diego Moreno Cruz. Bogotá: Universidad Externado de Colombia, 2012, pág. 118.

meno histórico, político y social, solo puede ser comprendido en toda su densidad si la filosofía que lo interroga se deja afectar por su concreción, por su inscripción material, por sus usos sociales y por sus silencios. La imagen del arco narrativo remite, entonces, al movimiento hermenéutico que va desde el distanciamiento analítico hasta la implicación situada; desde el metalenguaje sistemático hasta el lenguaje encarnado; desde el concepto hasta el conflicto. En palabras de Hans-Georg Gadamer, comprender es siempre un volver a la cosa misma, a través de la mediación del lenguaje, del horizonte cultural, del diálogo con el otro[61]. De ahí que el saber jurídico no pueda entenderse como un ejercicio contemplativo, sino como una práctica de comprensión situada que exige apertura, escucha y reconstrucción constante.

La filosofía del derecho contemporánea está llamada a abandonar la neutralidad aparente de los modelos teóricos autorreferenciales, para asumir un rol más comprometido: aquel que se arriesga a interrogar el Derecho desde la experiencia de los excluidos, desde la violencia simbólica de sus dispositivos, desde las fisuras de su promesa normativa. No se trata de negar el valor de la teoría, sino de desplegarla en un terreno donde los conceptos se encuentren con la vida, donde los principios entren en fricción con las prácticas, y donde el pensamiento jurídico se vea obligado a responder, no solo a preguntas lógicas, sino a demandas de justicia.

Este arco, que va de la abstracción a la *praxis*, exige una disposición filosófica particular: la capacidad de desaprender los automatismos conceptuales y reaprender desde el conflicto, la diversidad epistémica, las heridas y las resistencias. Es lo que reclamaba Paul Ricoeur al afirmar que «la filosofía debe estar dispuesta a dejarse interpelar por el sufrimiento, por aquello que interrumpe el orden del discurso»[62]. En este gesto

61.   *Óp. cit.* GADAMER, Hans-Georg. *Verdad y método I...*, pág. 412.
62.   RICOEUR, Paul. *La memoria, la historia, el olvido.* Trad. Agustín Neira. Madrid: Trotta, 2003, pág. 119.

se sitúa el corazón ético del pensamiento jurídico: no en su sistematicidad, sino en su sensibilidad.

De este modo, la filosofía del derecho puede recuperar su potencia si reconstruye su narrativa, si se entiende a sí misma como una travesía interpretativa que parte del sistema, pero no se encierra en este; que pasa por el concepto, pero no se agota en su claridad; que comienza en la teoría, pero culmina en la *praxis* transformadora. Es ahí, en ese regreso al mundo vivido, donde el pensamiento jurídico puede volver a hablar con verdad, con compromiso y con capacidad emancipadora.

IV. DESCONEXIÓN ENTRE ABSTRACCIÓN Y REALIDAD

4.1. La «Tabula Generalis» y el ideal de la sistematización total

Uno de los síntomas más significativos del desencuentro entre teoría jurídica y realidad social radica en la obsesión sistematizadora de ciertas tradiciones iusfilosóficas. Aquí, es preciso traer las palabras certeras de Pierre Bourdieu: «La tentación de construir sistemas jurídicos autosuficientes es una forma de violencia simbólica que oculta las luchas sociales tras una fachada de racionalidad»[63].

Dicha tendencia tiene antecedentes remotos, como lo demuestra la célebre *Tabula Generalis* elaborada por Johann Weidling, en 1654, cuyo propósito —en sus propios términos— era: «Disponer todo el conocimiento humano, incluso el jurídico, en un orden tan perfecto como el de los astros en el firmamento»[64].

El Derecho transformado en una estructura racionalmente ordenada. La aspiración respondía al espíritu enciclopédico de

---

63.   *Óp. cit.* BOURDIEU, Pierre y TEUBNER, Gunther. *La fuerza del derecho...*, pág. 87.

64.   WEIDLING, Johann. *Ars magna sciendi*. Trad. Elena Fernández. Madrid: CSIC, 2012, pág. 23.

la modernidad temprana, donde el saber debía ser clasificado, controlado y reducido a esquemas claros, que conforme fue planteado por Leibniz, «[...] según un método geométrico que eliminase las ambigüedades del lenguaje ordinario»[65].

El gesto de Weidling es paradigmático: su *Tabula* reducía el Derecho a una *«mathesis universalis»*[66]; ignorando lo que Santi Romano llamaría posteriormente como: «El Derecho vivo que emerge de las instituciones sociales concretas»[67]. Hoy, siguiendo la formulación de Gunther Teubner, se puede seguir manifestando que: «El Derecho contemporáneo sigue prisionero de lo que Weidling inició: la ilusión de que es posible domeñar la complejidad social mediante esquemas normativos cerrados»[68].

Weidling anticipa una operación que se reproducirá, con mayor sofisticación, en los formalismos del siglo XX: convertir el Derecho en un sistema autosuficiente, basado en principios de validez interna, sin necesidad de apelar a su contexto social, político o moral. Este es el caso emblemático de la *Reine Rechtslehre* de Hans Kelsen, quien planteó que el Derecho debía ser estudiado como un conjunto normativo puro, separado tanto de la sociología como de la moral[69]. Para Kelsen, «la ciencia del derecho no debe inmiscuirse en valoraciones»[70], porque su objeto es únicamente la norma, no su contenido material. Contra este modo de ver, Jürgen Habermas señala que: «La autopoiesis del Derecho kelseniano lo convierte en un universo autorreferencial, incapaz de procesar demanda legitimas sociales»[71].

---

65. LEIBNIZ, G.W. *Discurso sobre el arte combinatorio.* Trad. Javier Echeverría. Barcelona: Orbis, 1983, pág. 56.

66. *Óp. cit.* WEIDLING, Johann. *Ars magna sciendi...*, pág. 45.

67. ROMANO, Santi. *El ordenamiento jurídico.* Trad. Sebastián Martín. Madrid: Tecnos, 2011, pág. 72.

68. TEUBNER, Gunther. *El derecho como sistema autopoiético.* Trad. Alberto Supelano. Bogotá: Universidad Externado de Colombia, 2005, pág. 112.

69. *Óp. cit.* KELSEN, Hans. *Teoría pura del derecho...*, pág. 72.

70. *Ibidem*, pág. 85.

71. HABERMAS, Jürgen. *Facticidad y validez.* Trad. Manuel Jiménez Redondo. Madrid: Trotta, 1998, pág. 67.

Esta desconexión, también, es patente en la versión del positivismo analítico de H. L. A. Hart. Si bien Hart introduce la noción de «regla de reconocimiento» como hecho social; no obstante, pierde su textura política. Con el planteamiento de Hart se genera un marco conceptual que privilegia la claridad analítica por encima del compromiso político o social. Lo que se pierde en este enfoque —aunque resulte metodológicamente impecable y elegante desde el punto de vista lógico— es la dimensión vivencial, práctica y conflictiva del Derecho, esa que no puede ser reducida a reglas, sino que se despliega en relaciones de poder, disputas culturales y tensiones históricas. El Derecho se convierte en una ingeniería conceptual que, si bien resulta fascinante, deja de hablar a la vida concreta.

4.2. Derechos sociales y enfoque contextual: de Holmes a los juristas humanistas

Frente al paradigma de la abstracción, algunos autores han reivindicado la necesidad de pensar el Derecho desde una clave contextual y práctica, especialmente en lo que se refiere a los derechos sociales.

Oliver Wendell Holmes Jr., uno de los padres del realismo jurídico estadounidense, afirmó con contundencia que, «el Derecho no ha sido una cuestión de lógica, sino de experiencia acumulada de la vida comunitaria»[72]. Esta frase, convertida en axioma por generaciones posteriores, resume una intuición fundamental.

Este enfoque encuentra ecos en figuras como Paolo Grossi, quien reivindicó el papel de los primeros juristas humanistas del Renacimiento como artífices de una comprensión histórica, plural y situada del fenómeno jurídico. Según el autor italiano, estos juristas supieron ver que el Derecho no es un sistema lógico, sino una sedimentación de experiencias, un producto

---

72. HOLMES, Oliver Wendell Jr. *La senda del derecho*. Trad. José Ignacio Solar Cayon. España: Marcial Pons, 2012, pág. 15.

de la vida común, un lenguaje normativo en constante reformulación[73]. La historia del derecho, lejos de ser una mera crónica, es para él una vía de acceso privilegiada a la comprensión del Derecho como fenómeno social en movimiento. La lección que se desprende de estas perspectivas es clara: sin experiencia, sin conflicto, sin cuerpo social, el Derecho se convierte en un lenguaje vacío. El desafío de la filosofía del derecho, entonces, no consiste en perfeccionar su grado de abstracción, sino en volver a articular los conceptos con las realidades que intentan explicar. En esa dirección, la crítica al formalismo no implica anti-intelectualismo, sino una exigencia de responsabilidad teórica: pensar el Derecho desde su historicidad, su conflictividad y su inscripción en contextos específicos.

V.   LA JUSTIFICACIÓN DEL GIRO HISTÓRICO

5.1. Historia conceptual de *philosophia iuris* y *Rechtsphilosophie*

El estado actual de la filosofía del derecho exige una relectura radical de su devenir conceptual e histórico. No se trata de ubicarla cronológicamente en una genealogía de doctrinas o autores, sino de rastrear los desplazamientos semánticos, epistemológicos y metodológicos que han configurado su campo de problemas.

La *philosophia iuris* no ha sido unívoca, ni su objeto ha permanecido inalterado: ha oscilado entre una metafísica del derecho natural, una reflexión axiológica sobre la justicia, una teoría normativa del sistema jurídico y, más recientemente, una crítica situada de las prácticas jurídicas institucionalizadas.

---

73.   GROSSI, Paolo. *El derecho como conversación entre generaciones*. Trad. Aída Kemelmajer. España: Marcial Pons, 2012, pág. 27.

Este tránsito no puede comprenderse sin atender a las transformaciones en el sentido del «Derecho» mismo. Como advierte Recaséns Siches, «la filosofía del derecho no es una teoría abstracta del deber ser, sino un modo de pensar los conflictos concretos desde una racionalidad valorativa y crítica»[74]. Por eso, la filosofía del derecho requiere de una historia conceptual, como la delineada por Paolo Grossi, que permita detectar los momentos en que las categorías jurídicas se re-semantizan, se vacían o se vuelven operativas bajo nuevas condiciones políticas.

La noción alemana de *Rechtsphilosophie*—más asociada a la tradición sistemática de Kelsen—ha tenido un peso decisivo en la formación del canon iusfilosófico moderno. Sin embargo, su aspiración a la cientificidad y su neutralidad metodológica han sido cuestionadas por no problematizar suficientemente las condiciones de producción, reproducción y exclusión que el Derecho implica. De ahí la necesidad de un giro: no hacia la destrucción del pasado, sino hacia una interrogación crítica de sus premisas fundamentales.

5.2. Formular la pregunta adecuada

El giro histórico no se justifica por nostalgia ni por revisionismo, sino por una necesidad epistemológica: repensar las preguntas fundacionales. La filosofía del derecho debe, ante todo, recuperar la potencia de interrogar lo jurídico desde la experiencia vivida, el lenguaje común y los conflictos sociales efectivos. Como sostiene Gadamer, «comprender es siempre comprender de nuevo», lo cual implica un movimiento dialógico entre tradición y actualidad, entre lo heredado y lo emergente[75].

---

74. *Óp. cit.* RECASÉNS SICHES, Luis. *Tratado general de filosofía del derecho...*, pág. 45.
75. *Óp. cit.* GADAMER, Hans-Georg. *Verdad y método I...*, pág. 365.

Este acto de comprensión renovada comienza con la formulación adecuada de las preguntas. ¿Qué significa hoy hablar de Derecho? ¿Para quiénes se produce? ¿Qué exclusión es legitima? ¿Qué formas de vida desactiva o habilita? Preguntas como estas reabren el campo normativo y desenmascaran las clausuras conceptuales impuestas por teorías que, si bien formalmente coherentes, se han vuelto ciegas a su propio contexto. Como ha señalado García Máynez, «toda construcción sistemática del Derecho requiere del previo esclarecimiento de sus supuestos ontológicos y axiológicos»[76].

El gesto de formular una nueva pregunta no es un simple ejercicio académico, sino un acto fundacional. Es el modo en que la filosofía del derecho recupera su vocación emancipadora, rompiendo con la rutina de la repetición dogmática. Así, el giro histórico no es una vuelta al pasado, sino una reapertura del presente: una filosofía jurídica que no solo explique el Derecho, sino que se arriesgue a transformarlo.

---

76.   *Óp. cit.* García Máynez, Eduardo. *Filosofía del derecho...*, pág. 34.

CAPÍTULO III

LIMITACIONES DE LA RAZÓN COMO FUENTE PARA CONSTRUIR EL DERECHO

I. INTRODUCCIÓN

En la modernidad, la construcción del Derecho y su configuración conceptual fueron ancladas al surgimiento de la figura del Estado. Si pensamos, que el Estado, es efectivamente, el modo en que se organiza colectivamente las sociedades modernas y que el sistema jurídico materializa el conjunto de expectativas que los sujetos deben de observar dentro de este marco de organización; entonces, la asimilación entre Estado y Derecho, conforme lo advirtió Kelsen[77] —Estado y Derecho son idénticos— es una tesis inadecuada. Hay, ciertamente, puntos de conexión sustancial y formalmente muy potentes entre ambos; pero, de ningún modo su separación constituye un fetichismo político.

Norberto Bobbio, con la lucides intelectual que le caracteriza, advirtió que la propuesta kelseniana es: «[...] válida metodológicamente, pero no agota la realidad estatal»[78]. El maestro italiano, al reconocer el valor metodológico de la identificación que efectúa Hans Kelsen, lo hace a efecto de rescatar la herra-

77. Óp. cit. KELSEN, Hans. Teoría pura del derecho..., págs. 319-321.

78. BOBBIO, Norberto. El positivismo jurídico. Trad. Rafael de Asís y Andrea Greppi. Madrid: Debate, 1993, pág. 142.

mienta analítica que provee para comprender la estructura normativa del poder; no obstante, pone énfasis en su insuficiencia para dar cuenta de la complejidad concreta del fenómeno estatal. Para Bobbio, al reducir el Estado a mero orden jurídico, Kelsen ignora dimensiones esenciales de la realidad política: por un lado, la materialidad del poder (las relaciones de fuerza, los aparatos burocráticos y los conflictos sociales que exceden lo normativo); por otro, la historicidad concreta de los ordenamientos, que emergen de procesos políticos revolucionarios o pactos contingentes que no pueden explicarse solo desde la lógica interna del Derecho. Además, subraya que esta identificación abstracta no logra dar cuenta de las brechas entre validez formal y eficacia social, como evidencian los casos donde el Derecho estatal convive con sistemas normativos alternos (Derecho indígena, prácticas comunitarias) o donde las normas son letra muerta frente a realidades de dominación. Así, mientras el modelo kelseniano resulta útil para analizar la coherencia sistemática del orden jurídico, Norberto Bobbio reclama complementarlo con aproximaciones sociológicas e históricas que permitan entender el Derecho como campo de lucha donde se disputan proyectos políticos e intereses concretos, no solo como estructura lógica autónoma. Esto, porque la realidad no es pura facticidad bruta o carente de sentido.

Estado y Derecho, desde la modernidad, comulgan en el hecho de que, ambos emergieron como productos paradigmáticos de la razón ilustrada, encarnando su aspiración a construir órdenes políticos racionales y universales. Como señala Habermas, «el proyecto ilustrado transformó el Derecho en el medio privilegiado de integración social en las sociedades modernas»[79]. Sin embargo, esta visión omite dimensiones fundamentales del fenómeno jurídico: su inscripción en contextos históricos específicos, su anclaje en la cultura y su dependencia de las relaciones intersubjetivas. Ernesto Garzón Valdés se inclina por reclamar que, «las normas jurídicas no pueden abs-

---

79.   *Óp. cit.*, HABERMAS, Jürgen. *Facticidad y validez...*, pág. 112.

traerse de las condiciones sociales concretas sin correr el riesgo de perder legitimidad»[80].

La Ilustración concibió al Estado como un contrato social basado en la autonomía racional[81] y al Derecho como un sistema normativo coherente y autónomo. No obstante, esta concepción ha sido cuestionada por su insensibilidad ante las desigualdades estructurales, el pluralismo cultural y las memorias colectivas no reconocidas. Martha Nussbaum lo expresa con claridad: «La igualdad formal ante la ley es vacía si no se reconoce la diversidad de capacidades, historias y contextos que caracterizan a los seres humanos»[82].

La crítica contemporánea ha desvelado cómo el sujeto jurídico universal, ahistórico y homogéneo propuesto por las teorías normativas tradicionales invisibiliza las experiencias concretas de los grupos marginados. Autores como Paul Ricoeur han subrayado que «toda norma jurídica es un texto que requiere ser interpretado en contextos vivos»[83], mientras que Emmanuel Lévinas ha enfatizado que «la justicia nace del rostro del otro, de su demanda silenciosa e infinita»[84]. Estas perspectivas invitan a repensar el Derecho como una práctica social y política situada, capaz de responder a la vulnerabilidad compartida y a la alteridad.

La tesis que guía este análisis es que solo un Derecho situado, éticamente comprometido y culturalmente sensible puede aspirar a ser verdaderamente justo. Para reconciliar norma y vida, legalidad y legitimidad, es necesario incorporar las críticas hermenéuticas que han cuestionado los límites del raciona-

---

80. GARZÓN VALDÉS, Ernesto. *Derecho y justicia*. Madrid: Trotta, 2008, pág. 78.

81. ROUSSEAU, Jean-Jacques. *El contrato social*. Trad. M. Consuelo Berges. Madrid: Ediciones Aguilar, 1969, pág. 67.

82. NUSSBAUM, Martha. *Las fronteras de la justicia*. Trad. Ramón Vilà. Barcelona: Paidós, 2007, pág. 89.

83. RICOEUR, Paul. *Lo justo*. Trad. Carlos Gardini. Chile: Editorial Jurídica de chile, 1997, pág. 45.

84. LÉVINAS, Emmanuel. *Totalidad e infinito*. Trad. Daniel Guillot. Salamanca: Sígueme, 1977, pág. 234

lismo jurídico, abriendo paso a un Derecho más inclusivo y plural.

II. EL DERECHO COMO FENÓMENO SOCIAL Y SIGNIFICADOS COMPARTIDOS

El ser humano vive y actúa en el marco social[85]. Es aquí donde su realidad histórica, intersubjetiva y lingüística tiene plena expresión y cobra sentido. Dejando de lado, excepciones puntuales y singulares de algunos sujetos que, en cierta forma, retratan una especie de Robinson Crusoe y están dispuestos, por algún motivo, a aislarse y sacrificar la vida en sociedad; el denominador común de las acciones humanas se inclina, motivado en razones heterogéneas, por materializar el «principio de relación intersubjetiva»[86], logrando, de esta manera, poner en movimiento toda la mecánica social y generando una coordinación social. Sin duda alguna, la coordinación social jamás es armoniosa, y no siempre es lo suficientemente inteligente y potente; por ende: definitivamente existen expectativas defraudadas, así como sujetos apedreados por el sistema. Porque la coexistencia en sociedad no supone la optimización de una perfecta armonía, ni la ausencia de conflicto o la superación de la violencia, más bien, impide que se desate una situación hostil, en tal sentido, la cooperación social evita que el ser humano no termine por aniquilarse asimismo y a sus pares.

El individuo no solo está arraigado a la *polis*, también, se crea en esta. En tal sentido: la sociedad es el escenario donde se forjan identidades individuales y colectivas, donde se generan significados y valores, y donde se desarrollan formas de convivencia y organización. Con optimismo perdido nos inclinamos a manifestar que, el ser humano está hecho para: saber

85. Von Mises, Ludwig. *La acción humana*. Trad. Joaquín Reig Albiol. España: Unión Editorial, S.A., 2023, pág. 173.

86. Rothbard, Murray N. *La ética de la libertad*. Trad. Marciano Villanueva Salas. España: Unión Editorial, 1995, pág. 59.

ser y estar en el mundo; aunque, en estos últimos tiempos, los factores económicos y tecnológicos han orillado a que el sujeto, más que *ser* y *estar* en el mundo, *es* y *está* en el mundo. De a pocos fuimos perdiendo los atributos que, con elocuentes palabras, Pico de Mirándola terminaba de acuñar al ser humano[87].

La mecánica social necesita para su funcionamiento un conjunto de normas. De estas, el que más resalta, es el Derecho; y, este lejos de ser una estructura normativa autónoma se enraíza en lo que Clifford Geertz llamó «la trama de significados que una sociedad teje para comprenderse a sí misma»[88]. El Derecho no es una realidad independiente de la sociedad que lo produce, sino una de sus expresiones más densas y significativas; y, es un orden que surge desde la dinámica interna de la *polis*. Como tal, es un fenómeno social, es decir, una realidad históricamente determinada que responde a la manifestación vital de la vida en comunidad.

«La ley no es un conjunto de mandatos imperativos sobre la sociedad desde afuera, bien por un individuo soberano o superior o por un cuerpo soberano constituido por representantes de la propia sociedad. Existe en todos los tiempos como uno de los elementos de la sociedad que surge directamente del hábito y la costumbre. Es, por tanto una creación inconsciente de la sociedad o, en otras palabras, un desarrollado»[89].

Émile Durkheim estableció los fundamentos de esta visión al describir el Derecho como «un índice visible de la solidari-

87. Pico Della Mirandola, Giovanni. *Discurso sobre la dignidad del hombre. Una nueva concepción de la filosofía.* Trad. Silvia Magnavacca. Argentina: Ediciones Winograd, 2008, págs. 207-208.

88. Geertz, Clifford. *Conocimiento local.* Trad. Alberto Cardín. Barcelona: Paidós, 1994, pág. 112.

89. Carter, J. C. *The ideal and the Actual in the law,* Reposto f the thirteenth Annual Meeting of the American Bar Association, 1890, pág. 235.

dad social»[90], donde las formas jurídicas varían según el tipo de cohesión comunitaria. Pero, también: «El campo jurídico constituye un espacio social donde se disputa el poder de nombrar y clasificar la realidad»[91].

Claude Lévi-Strauss, desde la perspectiva antropológica muestra que, «los sistemas normativos son estructuras simbólicas que organizan el parentesco, la propiedad y el poder»[92].

El Derecho, advierte Luis Recaséns Siches, es: vida humana objetivada, normativa y social[93]:

a) Vida humana objetivada: Implica que el Derecho se expresa como una objetivación de la vida humana en la medida en que busca regular y organizar la convivencia y las relaciones entre individuos en una sociedad. A través de las normas y las instituciones jurídicas, el Derecho busca dar forma a la vida social y garantizar la coexistencia pacífica y justa de los seres humanos.

b) Normativa: Bajo esta dimensión, el Derecho se basa en un conjunto de normas que establecen derechos y deberes, y que regulan la conducta y las interacciones de los individuos en sociedad. Estas normas tienen como objetivo orientar el comportamiento humano hacia el cumplimiento de valores y principios compartidos.

c) Social: El Derecho es una construcción social y está estrechamente vinculado a la comunidad política en la que se desarrolla. Las normas y principios jurídicos se configuran de acuerdo con las necesidades y los valores de la sociedad en la que operan, y reflejan la evolución y los

---

90. DURKHEIM, Émile. *La división del trabajo social*. Trad. Carlos Gómez. Madrid: Minerva Ediciones, 2012, pág. 78.

91. *Óp. cit.* BOURDIEU, Pierre y TEUBNER, Gunther. *La fuerza del derecho…*, pág. 45.

92. LEVI-STRAUSS, Claude. *Antropología estructural*. Trad. Eliseo Verón. Buenos Aires: EUDEBA, 1973, pág. 156.

93. RECASÉNS SICHES, Luis. *Vida Humana, Sociedad y Derecho*. México: Fondo de Cultura Económica, 1945, pág. 139.

cambios históricos, lingüísticos e intersubjetivos de la misma.

Al presentar al Derecho de esta manera, Luis Recaséns Siches resalta su carácter humano, su función de regulación social y su estrecha conexión con la realidad y la experiencia humana. Esta visión amplia y holística del Derecho es de mucha utilidad para comprender su importancia e impacto en la vida de las personas y en el desarrollo de las sociedades.

La filosofía del Derecho tiene la tarea de examinar y contextualizar las teorías, conceptos y principios jurídicos, tomando en cuenta la interacción entre la racionalidad abstracta y el contexto histórico, lingüístico e intersubjetivo.

III. CRÍTICA A LA RAZÓN COMO FUNDAMENTO ÚNICO DEL DERECHO

El Derecho moderno se erige sobre una paradoja fundacional: mientras se presenta como producto de una razón universal y autónoma, en realidad, termina siendo la cristalización de un proyecto particularista que globalizó una forma específicamente occidental de entender el mundo. Esta impostura teórica, no es un error filosófico sino un dispositivo de poder que niega otras formas que el fenómeno jurídico tiene de manifestarse.

El proyecto ilustrado de fundamentar el Derecho en la razón autónoma se revela, ante un análisis crítico riguroso, como una construcción teórica profundamente problemática que esconde bajo su pretensión de universalidad lo que los estudios decoloniales han identificado como un particularismo occidental disfrazado de neutralidad. La razón jurídica moderna, ha operado mediante una serie de reduccionismos epistemológicos que limitan su capacidad explicativa y perpetúan estructuras de dominación al presentar como universales lo que son en realidad categorías históricas y culturalmente situadas.

El primer y más fundamental de estos reduccionismos es la construcción artificial de un sujeto jurídico abstracto, desprovisto de sus determinaciones concretas de clase, género o cultura. Cuando Kant define el Derecho como «el conjunto de condiciones que permiten la coexistencia de libertades según una ley universal», está presuponiendo un individuo racional que no existe en ninguna sociedad real, sino que es más bien la proyección idealizada del burgués europeo del siglo XVIII. Esta abstracción no es epistemológicamente inocente: sirvió precisamente para ocultar las exclusiones constitutivas del orden jurídico moderno, que reconocía como plenos sujetos de derecho sólo a varones blancos propietarios mientras naturalizaba la subhumanización jurídica de esclavos, mujeres y pueblos colonizados.

El segundo reduccionismo, propio del positivismo kelseniano, consiste en la pretensión de separar radicalmente el Derecho de la moral y la política, presentándolo como un sistema autónomo de normas válidas por su coherencia lógica interna. Esta operación metodológica, que Kelsen consideraba necesaria para constituir una ciencia pura del derecho, implica en realidad, la negación del carácter inevitablemente valorativo de toda construcción normativa. Los juicios valorativos irreductibles a la lógica formal, incluso, se hallan presentes en las operaciones aparentemente más técnicas de aplicación del Derecho (como la subsunción de hechos en normas). La paradoja es que la pretensión de neutralidad, lejos de garantizar objetividad, convierte al Derecho en un instrumento particularmente eficaz de dominación, al ocultar bajo un velo de tecnicismo las opciones políticas que siempre están en juego.

Estos reduccionismos epistemológicos generan limitaciones metodológicas concretas que comprometen seriamente la capacidad del Derecho para aprehender la complejidad normativa de las sociedades contemporáneas. La metodología analítica dominante, al centrarse exclusivamente en la estructura lógica de las normas, es ciega a lo que Geertz llama los «hechos densos» —las redes de significado cultural que dan sentido real a las prácticas jurídicas—. Este formalismo metodológico impide comprender fenómenos como lo que Boaventura de Sousa Santos documenta como «interlegalidad»: la coexistencia conflictiva de sistemas jurídicos diferentes (estatales, indígenas, religiosos) en un mismo espacio social.

Pero quizás la limitación más grave del paradigma racionalista sea su incapacidad para procesar su propia genealogía colonial. Y, la pretensión de universalidad de la razón jurídica occidental es la ilusión de un conocimiento no situado que, paradójicamente, refleja los intereses y cosmovisiones de las élites ilustradas europeas y su incapacidad para reconocer otras formas de producción normativa que no encajan en sus categorías.

La razón no es consciente que el carácter omnicomprensivo y omnisciente que «supuestamente» detenta, en realidad son atributos que en ningún momento le asisten o le asistieron; asimismo, no reconoce sus propias limitaciones y sesgos; por ende, olvida que cada tradición, contexto cultural y horizonte histórico tiene su propio *logos*, su propia forma de entender y dar sentido a la experiencia humana, y no pueden ser reducidos o explicados únicamente desde una racionalidad pura y abstracta. Para comprender plenamente el Derecho y su papel en la sociedad, es esencial considerar el contexto histórico y cultural en el que se desarrolla.

Frente a estas limitaciones, surge con fuerza la necesidad de lo que Boaventura de Sousa Santos (2018) denomina una «ecología de saberes jurídicos» que supere el monólogo de la razón occidental para dar cabida a la pluralidad epistémica inherente al fenómeno jurídico. Esto implica reconocer que el Derecho no es sólo un sistema de normas estatales, sino también lo que Ehrlich (1913) llamó el «derecho vivo» producido en las prácticas sociales cotidianas; que no se agota en la letra de la ley, sino que incluye lo que Cover (1983) conceptualizó como las «narrativas jurisgenéticas» de las comunidades; que no puede comprenderse fuera su genealogía conflictiva.

En última instancia, superar los límites de la razón jurídica moderna exige abandonar la pretensión de universalidad abstracta para asumir su carácter inevitablemente situado. El futuro del pensamiento jurídico pasa por reconocer que no hay un único Derecho racional, sino múltiples racionalidades jurídicas en diálogo —o en conflicto— en el espacio pluriversal que habitamos. El desafío es construir una teoría que, sin caer en relativismos ingenuos, sea capaz de aprender con las experiencias normativas que el racionalismo occidental pretendió suprimir.

En consecuencia, se hace necesario pensar el Derecho no solo como producto de la razón, sino como una forma de vida: un entramado de prácticas sociales, éticas y simbólicas que expresan la historicidad de los pueblos. La imposición de una razón universal y abstracta sobre la realidad histórica conduce a la negación o anulación de los rasgos históricos individuales y contextuales. Una justicia verdaderamente inclusiva no puede nacer de abstracciones, sino de la reconstrucción de vínculos humanos situados, sensibles a la pluralidad, la diferencia y la memoria colectiva.

IV. LA ÉTICA DE LA ALTERIDAD COMO FUNDAMENTO DEL DERECHO

Frente a las concepciones racionalistas y formalistas del Derecho, que privilegian la universalidad normativa y la autonomía lógica del sistema jurídico, diversos pensadores contemporáneos han propuesto repensar su fundamento desde la experiencia ética del encuentro con el otro. Esta reorientación no niega la importancia de la racionalidad, pero pone en cuestión su centralidad exclusiva, al señalar que lo jurídico no puede comprenderse sin tomar en serio la vulnerabilidad, la singularidad y la responsabilidad que surgen en la relación con los demás. En este marco, el otro no es un objeto del razonamiento jurídico, sino su condición de posibilidad: es la presencia que interpela, el rostro que exige una respuesta, el llamado que precede a toda normatividad.

Emmanuel Lévinas es quizá el autor que con más radicalidad ha situado al otro como fundamento ético de toda construcción social, incluida la jurídica. En *Totalidad e infinito*, sostiene que «la relación con el otro no es una contemplación, sino una responsabilidad infinita»[94]. Esta responsabilidad no se deduce de ninguna ley previa, ni responde a una deliberación racional; más bien, irrumpe como un hecho originario que desborda toda representación. El rostro del otro —afirma Lévinas—, «prohíbe matar»[95], lo cual constituye un límite absoluto a la violencia y una afirmación originaria de la justicia. En esta perspectiva, el Derecho tiene que ser entendido como una respuesta institucional a la demanda ética que emana de la alteridad. La justicia no nace de la voluntad general ni de la equidad formal, sino del reconocimiento de la dignidad irreductible del otro.

Paul Ricoeur retoma esta intuición levinasiana, pero la articula con una concepción hermenéutica del lenguaje y de la interpretación. En *Sí mismo como otro*, plantea que la comprensión del otro requiere un proceso de interpretación, mediado por narrativas, símbolos y prácticas discursivas. La justicia comienza con la interpretación del sufrimiento del otro, subrayando que no es posible pensar la justicia sin atender a la historia, la cultura y la palabra del otro. Para él, el Derecho debe ser un espacio de reconocimiento mutuo, donde las instituciones no solo organicen la convivencia, sino también reflejen el esfuerzo ético por comprender y acoger la diferencia —principio de la diferencia—. Esta propuesta desplaza el foco del Derecho desde la norma hacia el diálogo, desde la formalidad hacia la escucha, desde la neutralidad hacia la responsabilidad compartida.

Martin Buber, desde una perspectiva dialógica, propone una distinción fundamental entre dos formas de relación: la del «Yo-Tú» y la del «Yo-Ello». Mientras que la segunda cosifica al otro, lo convierte en objeto de manipulación o conocimiento, la primera implica una apertura radical al otro como ser único e

---

94. *Óp. cit.* LÉVINAS, Emmanuel, *Totalidad e infinito...*, pág. 87.
95. *Ibidem*, pág. 201

irrepetible. En su obra *Yo y Tú*, Buber sostiene que en la relación Yo-Tú el ser humano se vuelve yo[96], subrayando que solo en el encuentro auténtico se constituye la subjetividad plena. Esta idea tiene profundas implicaciones para la teoría jurídica, pues sugiere que una comunidad jurídica verdaderamente humana debe basarse en vínculos personales, en reconocimiento mutuo y en la afirmación de la alteridad como riqueza y no como amenaza.

Estas perspectivas nos obligan a revisar críticamente las estructuras jurídicas modernas, especialmente aquellas que, en nombre de la neutralidad o la eficiencia, terminan deshumanizando al que irónicamente se le reconoce como: sujeto de derecho. Los sistemas normativos contemporáneos, sometidos a lógicas administrativas, mercantiles o securitarias, tienden a invisibilizar la alteridad. El otro se convierte en un expediente, un número, una categoría técnica. Esta neutralización de la diferencia es, en última instancia, una forma de violencia simbólica: al borrar los rostros, se debilita la responsabilidad, y con ella, la justicia. En este sentido, la alteridad no es solo un concepto ético; es una resistencia estructural frente a las derivas inhumanas del Derecho moderno.

Reivindicar la alteridad como fundamento del Derecho es, por tanto, un gesto contrahegemónico. Implica descentrar al sujeto jurídico abstracto para recuperar la densidad biográfica de quienes habitan las normas: sus heridas, sus historias, sus exclusiones. Es una invitación a reformular el Derecho como hospitalidad institucionalizada: no como gestión del otro, sino como acogida. Esta transformación exige repensar el diseño normativo, los procedimientos judiciales, la arquitectura de las instituciones y la formación jurídica misma. No se trata simplemente de aplicar reglas con sensibilidad, sino de construir un Derecho que nazca de la sensibilidad misma.

---

96. BUBER, Martin. *Yo y Tu y otros ensayos*. Trad. Marcelo G Burello. Argentina: Prometeo Libros, 2013, págs. 15, 17 y 39.

V. HISTORICIDAD Y CONTEXTO COMO CONDICIONES DEL DERECHO

El Derecho no surge del vacío, ni puede ser plenamente comprendido como una estructura lógica autosuficiente. Su configuración, validez y legitimidad dependen profundamente de su inscripción en la historia, en las luchas sociales, y en los procesos culturales que le dan forma y sentido. Franz Neumann, en su texto: *El Estado democrático y el Estado autoritario*, observa que: «el Derecho es el precipitado histórico de luchas por el poder que cristalizan en formas institucionales»[97]. Esta comprensión anti-formalista desvela cómo los ordenamientos jurídicos codifican relaciones de fuerza, pero también proyectos emancipatorios, en procesos que desafían toda pretensión de neutralidad.

La crítica de Martha Nussbaum al modelo rawlsiano resulta iluminadora: «ninguna teoría de la justicia puede partir del velo de ignorancia porque la justicia siempre comienza reconociendo el peso concreto de las heridas históricas»[98]. Amartya Sen amplía esta crítica al mostrar cómo «la abstracción jurídica produce ceguera ante las desigualdades estructurales que condicionan el acceso real a los derechos»[99].

La filosofía hegeliana ofrece claves fundamentales para superar este formalismo. Como señala Hegel: «el Derecho es la existencia [*Dasein*] de la libertad en el mundo»[100], lo que implica su necesaria encarnación en instituciones históricas concretas. Axel Honneth desarrolla esta intuición al demostrar cómo

---

97. NEUMANN, Franz. *El Estado democrático y el Estado autoritario*. Trad. Mireya Reilly de Fayard y Carlos A. Fayard. Barcelona: Paidós, 1985, pág. 67.

98. *Óp. cit.*, NUSSBAUM, Martha. *Las fronteras de la justicia...*, pág. 89.

99. SEN, Amartya. *La idea de la justicia*. Trad. Hernando Valencia. Madrid: Taurus, 2010, pág. 112.

100. HEGEL, G.W.F. *Principios de la filosofía del derecho*. trad. Juan Luis Vermal. Barcelona: Edhasa, 1999, §142.

los derechos fundamentales sólo adquieren plena realidad en prácticas sociales de reconocimiento recíproco[101].

En definitiva, el Derecho debe ser entendido como una forma de memoria colectiva institucionalizada, no puede salvarse sin historicidad, sin alteridad, sin comunidad. No hay tercera vía posible en este dilema histórico que nos interpela y se presenta como salvaguardia contra la rigidez y el dogmatismo.

---

101. HONNETH, Axel. *El derecho de la libertad. Esbozo de una eticidad democrática*. Trad. Graciela Calderón. Madrid: Katz, 2014, pág. 78.

CAPÍTULO IV

HACIA UNA ONTOLOGÍA DEL DERECHO CON CONTEXTO

I. VOLVER A INICIAR

El acto de reflexión, siempre, obedece a un impulso vital. Con esta proposición, lo que se busca, con plausibilidad, es condensar una posición ontológica del pensamiento que tenga la capacidad de subvertir la tradición cartesiana: lejos de ser un *cogito* puro, la reflexión emerge como síntoma de la finitud constitutiva del *Dasein* heideggeriano[102], donde el ser-arrojado al mundo precede y condiciona a toda tematización consciente. Este impulso vital —concepto que evoca tanto al *élan* vital bergsoniano[103] como la voluntad de poder de naturaleza nietzscheana[104]—revela que la filosofía, incluida, sin duda alguna, la iusfilosófica, no nace de la mera curiosidad especulativa, sino del genuino *pathos* existencial ante las *aporías* trágicas de la condición humana.

En el ámbito jurídico, esta tesis desvela que el cinturón de categorías normativas (justicia, derechos, legitimidad, etc.) y el

102. HEIDEGGER, Martin. *Ser y tiempo*. Trad. Jorge Eduardo Rivera. Madrid: Editorial Trotta, 2003, pág. 135.

103. BERGSON, Henry. *La evolución creadora*. Trad. Pablo Ires. Buenos Aires: Cactus, 2007, pág. 48.

104. NIETZSCHE, Frederick. *Más allá del bien y del mal*. Trad. A. Sánchez Pascual. Madrid: Alianza, 2016, pág. 22.

Derecho mismo son siempre respuestas históricas a heridas concretas del vivir-en-común, como magistralmente demostró Walter Benjamin al vincular el origen del Derecho con la violencia fundacional[105]. Así entendida, la reflexión jurídica auténtica no sería ejercicio que se gesta como exigencia de razón pura, sino *praxis* hermenéutica que, siguiendo a Hans-Georg Gadamer, reconoce, en cada pregunta filosófica sobre el Derecho, la huella de ese impulso que brota cuando la vida choca contra los límites de lo establecido[106].

Algunas veces, el impulso vital, nos interpela; por ende, nos exige, irremediablemente, volver a iniciar. La experiencia de ser interpelados —que en términos levinasianos se manifestaría como un ¡Heme aquí! ante la alteridad radical— constituye el momento preciso en el que se instaura toda auténtica reiniciación filosófica. Este llamado existencial, que Max Scheler, en su momento, conceptualizó como «situación límite»[107] nos arranca a martillazos de la complacencia dogmática y nos fuerza a lo que Paul Ricoeur denominó «la vía larga de la interpretación»[108], donde cada recomienzo lleva las cicatrices de los fracasos conceptuales precedentes.

En el quehacer jurídico, esta interpelación adquiere rostro concreto: surge cuando el Derecho, como sistema, muestra su incapacidad para contener la complejidad de lo real. La filosofía del derecho, al dejarse interrogar por estos impulsos que brotan de las fracturas sociales (la injusticia estructural, las nuevas subjetividades políticas, los desafíos tecnológicos, los condicionamientos económicos, etc.), cumple así su vocación más profunda: ser, en palabras de Jürgen Habermas, «el órgano

---

105. BENJAMIN, Walter. *Para una crítica de la violencia y otros ensayos.* Trad. Roberto Blatt. España: Taurus, 2001, pág. 56.

106. *Óp. cit.* GADAMER, Hans-Georg. *Verdad y método I...*, pág. 312.

107. SCHELER, Max. *El puesto del hombre en el cosmos.* Trad. J. Gaos. Buenos Aires: Losada, 2000, pág. 145.

108. RICOEUR, Paul. *El conflicto de las interpretaciones.* Trad. A. Neira. Buenos Aires: FCE, 2003, pág. 27

autorreflexivo de la sociedad»[109] capaz de morir y renacer en cada crisis de sentido.

Reiniciar constituye un ejercicio filosófico primordial: volver a interrogar los fundamentos, desnaturalizar lo dado por evidente y reorientarse hacia el auténtico *arché* del pensamiento jurídico —la pregunta radical por el sentido—. Este movimiento, que Husserl hubiera llamado *«epojé* jurídica»[110], trasciende la mera revisión conceptual; exige un desmontaje crítico de los presupuestos que sostienen nuestros sistemas normativos. Como advierte Robert Cover, «todo Derecho opera dentro de un universo narrativo que lo precede y condiciona»[111]. El formalismo institucional suele obviar esta dimensión constitutiva, pero precisamente por ello el reinicio se revela urgente: permite exhumar los silencios estructurales del discurso jurídico y reimaginar sus marcos interpretativos desde nuevas coordenadas hermenéuticas. En el quehacer iusfilosófico, este gesto dista de ser signo de fragilidad teórica. Implica reconocer la historicidad de lo jurídico: ni las categorías de sujeto, norma o justicia son eternas, ni las teorías normativas pueden pretender clausura definitiva. La advertencia de Paul Ricoeur —«la filosofía debe reaprender a preguntar, más que a concluir»[112] — cobra aquí plena vigencia. Reiniciar es, en esencia, practicar lo que Pierre Bourdieu llamaría «una ruptura epistemológica con el sentido común jurídico»[113], interrogando críticamente los contextos donde el Derecho ha perdido su evidencia legitimadora.

---

109. HABERMAS, Jürgen. Problemas de legitimación en el capitalismo tardío. Trad. J. L. Etcheverry. España: Ediciones Cátedra, 1999, pág. 78.

110. HUSSERL, Edmund. Ideas relativas a una fenomenología pura y una filosofía fenomenológica. Libro primero: Introducción general a la fenomenología pura. Trad. J. Gaos. México: Fondo de Cultura Económica, 2013, pág. 56.

111. COVER, R. M. (1983). Nomos and Narrative. Harvard Law Review, 97(1), 4-68. https://doi.org/10.2307/1340787 (p. 9).

112. RICOEUR, Paul. Freud: una interpretación de la cultura. Trad. A. D. Ortiz. México: Siglo XXI Editores, 1969, pág. 158.

113. *Óp. cit.* BOURDIEU, Pierre y TEUBNER, Gunther. *La fuerza del derecho...*, pág. 178.

Esta recuperación del punto cero cartesiano —pero despojada de su ilusión fundacionalista— no empobrece el discurso; al contrario, le otorga densidad ontológica al revelar su carácter construido. La ontología jurídica moderna, obsesionada con la validez formal y la sistematicidad, ha generado un espacio autopoiético donde la experiencia concreta deviene irrelevante. Frente a esto, reiniciar significa restituir el Derecho como praxis intersubjetiva, arraigada en lo que Merleau-Ponty identificó como «la carne del mundo»[114].

La ontología relacional que se propone entiende las normas no como imperativos abstractos, sino como «texturas de reciprocidad vulnerables»[115]. Interpretar el Derecho bajo este prisma es, como señaló Gadamer, «dejarse interpelar por aquello que nuestra tradición ha omitido»[116]. Ese «algo» callado suele ser precisamente lo que el sistema dominante no puede oír: los gritos de las víctimas de injusticia epistémica, las demandas de reconocimiento de identidades no previstas, o los saberes jurídicos subalternos.

Reiniciar el pensamiento jurídico trasciende así lo teórico: es un acto de responsabilidad hermenéutica que, siguiendo a Emanuel Lévinas, convierte al Otro en interlocutor ineludible. Exige sustituir la razón nomológica por una racionalidad dialógica —en línea con la ética discursiva de Jürgen Habermas — capaz de escuchar lo excluido, recordar lo olvidado y responder a lo irreductiblemente singular. Solo esta apertura a la complejidad de lo real puede evitar que la filosofía del derecho se convierta en mera tecnocracia disfrazada de sabiduría.

En la filosofía del derecho, reiniciar, implica una actitud de apertura y humildad, reconociendo que no todo lo establecido es inamovible y que siempre existe la probabilidad de cuestionar, mejorar y adaptar las teorías y conceptos jurídicos a la luz

---

114. Merleau-Ponty, Maurice. *Fenomenología de la percepción*. Trad. J. Cabanes. Barcelona: Editorial Planeta, 1994, pág. 178.

115. Nussbaum, Martha. *El ocultamiento de lo humano*. Trad. Gabriel Zadunaisky. Buenos Aires: Katz, 2006, pág. 89.

116. *Óp. cit.* Gadamer, Hans-Georg. *Verdad y método I...*, pág. 312

de nuevos conocimientos y cambios sociales. Esta acción constituye una oportunidad filosófica para volver a tematizar los fundamentos, desmontar lo dado por evidente y orientarse hacia el legítimo punto de partida: la interrogación radical del sentido. En el pensamiento jurídico, este acto no es menor. Supone retornar a la fuente originaria de aquello que se quiere volver a pensar, no como simple repetición, sino como reapropiación crítica del problema. Esta acción, aunque a menudo ignorada por el formalismo institucional, es tanto oportuna como necesaria: permite visibilizar los silencios del discurso jurídico y reconfigurar los marcos interpretativos con mayor lucidez.

Por tanto, reiniciar el pensamiento jurídico no es una operación meramente teórica, sino una práctica de responsabilidad. Requiere atención a lo humano, atención al otro. Supone desafiar la preeminencia de la razón formal y dirigirla hacia una racionalidad que escuche, recuerde y dialogue. Solo así la filosofía del derecho puede convertirse en un acto de apertura ante la complejidad de lo real.

II. LA PREGUNTA: GENUINO PUNTO PARA REINICIAR

Después del ser humano, la pregunta se hace manifiesta; y, esta no solo persiste, sino que, con fuerza inevitable, siempre consigue imponerse y arrastra consigo a la humanidad. En algún sentido, con esta afirmación, lo que queremos es encapsular la paradoja ontológica que define nuestra condición: el individuo perece, pero sus interrogaciones se transforman en fuerzas históricas que configuran el destino colectivo. Esta imposición no es metafórica, sino un fenómeno estructural de la existencia humana. Heidegger, desde su postura filosófica, develó que, el *Dasein* es constitutivamente *ser-para-la-muerte*, pero es precisamente su finitud lo que agudiza el cuestionamiento sobre el sentido del Ser[117]; al desaparecer, ese acto de interrogar —depositado en el lenguaje, la cultura y la memoria ética— adquiere autonomía y se erige en imperativo para los que aún saben *estar* en vida. La humanidad es así «arrastrada» por estas preguntas ancestrales porque, como enseñó Lévinas, la muerte no anula la demanda ética del rostro del Otro: las víctimas de la historia, desde Antígona hasta los desaparecidos de las dictaduras y las despreciables guerras actuales, imponen desde su silencio preguntas radicales sobre justicia (¿Dónde están? ¿Quién es responsable?) que obligan a generaciones posteriores a responder, reparar o traicionar. Este arrastre opera dialécticamente: las preguntas de Marx sobre la alienación, las de Nietzsche sobre la muerte de Dios, o las de Woolf sobre la exclusión femenina, no quedaron sepultadas con sus autores; por el contrario, se sedimentaron como categorías de lo impensado que agitan cada nueva crisis civilizatoria, forzando a la humanidad a navegar en aguas abiertas por muertos cuyas respuestas fueron provisionales. Aquí yace la grandeza trágica de nuestra especie: como Sísifo camusiano, cargamos la roca de preguntas que no elegimos —heredadas de poetas, mártires y filósofos— porque en ese acto de cargar reside nuestra humanidad compartida. Incluso el nihilismo, cuando pretende silenciar las preguntas, termina siendo su prisionero: el ¿por qué no la nada?[118] de Heidegger surge justo cuando intentamos evadir el peso del sentido. Así, la pregunta trasciende al sujeto no como mero residuo cultural, sino como campo de batalla ontológico donde se libra la única inmortalidad que nos es accesible: la de la búsqueda perpetua.

La pregunta, en filosofía, precede y condiciona toda respuesta posible porque encarna la esencia misma del pensar crítico. Como señaló Gadamer, «la pregunta abre el horizonte de lo pensable»[119] y «solo quien ha comprendido la pregunta

---

117. *Óp. cit.* HEIDEGGER, Martin. *Ser y tiempo...*, pág. 235.
118. *Ibidem*, pág. 127.
119. *Óp. cit.* GADAMER, Hans-Georg. *Verdad y método I...*, pág. 367.

ha comprendido el sentido». En esta clave, preguntar por el Derecho es ya abrir una posibilidad de sentido, es poner en tensión los marcos que le otorgan forma, legitimidad y función. Mientras que las respuestas, que llevan el sello de querer ser conclusivas, tienden a clausurar el diálogo racional. La filosofía, en su vocación originaria socrática, reconoce que el verdadero conocimiento no reside en acumular certezas, sino en sostener la interrogación como método de acceso a lo real. Esto se debe a tres razones fundamentales: primero, la pregunta preserva la apertura del pensamiento frente a la dogmatización de las respuestas establecidas; segundo, revela los presupuestos ocultos que subyacen a todo sistema conceptual; y, tercero, mantiene viva la tensión entre lo dado y lo posible, entre lo instituido y lo por instituir. En el ámbito jurídico, esta primacía se vuelve particularmente crucial: el Derecho, como construcción humana e histórica, requiere ser interpelado constantemente para evitar que sus categorías se naturalicen y pierdan contacto con las transformaciones sociales. La pregunta, al desestabilizar lo aparentemente evidente, cumple así una función emancipadora: impide que el Derecho se convierta en mera técnica de dominación y lo reconecta con su vocación originaria de justicia. Como concluyó Derrida, «la verdadera filosofía del derecho comienza cuando aceptamos que las preguntas radicales son más importantes que las respuestas provisionales»[120].

En el ejercicio iusfilosófico, interrogar ¿qué es el Derecho? no busca una definición diccionarial, sino una comprensión ontológica de su *modo de ser y estar*, de su presencia en la vida humana. Esta pregunta no puede ser sustituida por explicaciones técnico-normativas, porque no busca cómo funciona el Derecho, sino qué significa que exista.

Plantearse qué es el Derecho, cómo se expresa, y qué puede decirse sobre su ser, implica entrar en el terreno de la ontología jurídica. Esta indagación rebasa la sistematicidad legal y

---

120. *Óp. cit.* Derrida, Jacques. *Fuerza de ley...*, pág. 35.

demanda una mirada profunda sobre el fenómeno normativo como forma de vida, como modo de articulación del mundo social. Aquí, el Derecho no es solo norma, es también símbolo, lenguaje y promesa.

La pregunta, entonces, no es abstracta. Es concreta y política. Interrogar al Derecho desde su ser es también preguntarse por su legitimidad, por su violencia fundacional, por su relación con lo justo. La filosofía del derecho no puede rehuir esta tarea.

No menos importante es la cuestión de la expresabilidad: ¿es posible decir lo que el Derecho es? ¿Contamos con un lenguaje que lo exprese adecuadamente? Esta interrogación nos enfrenta con los límites del decir, con la tensión entre el concepto y la experiencia, entre la norma y el acontecimiento. Paul Ricoeur nos recuerda que todo discurso jurídico es un acto de interpretación, una mediación entre la regla y la vida[121], pues habita una frontera entre lo dicho y lo por decir.

En este punto, es necesario reconocer que el Derecho aparece siempre en relación con otros objetos y prácticas: la moral, la política, la economía, etc., no obstante, no puede ser definido por estos, pero tampoco puede desvincularse de su entorno. Como propone Gustavo Zagrebelsky, el Derecho es una forma de «gramática de la convivencia», un lenguaje común con el que una comunidad regula sus conflictos y esperanzas[122].

Afirmar que, el Derecho está en contacto con su entorno no implica reducirlo a sus influencias externas, sino comprender que su ser se da en un entrelazamiento: entre norma y poder, entre subjetividad y estructura, entre justicia y legalidad. Este enfoque relacional no desdibuja la identidad de lo jurídico, sino que la sitúa en su contexto. Porque el Derecho no existe

---

121. *Óp. cit.* RICOEUR, Paúl, Lo justo…, pág. 42

122. ZAGREBELSKY, Gustavo. *El derecho dúctil: Ley, derechos, justicia.* Trad. Marina Gascón. Madrid: Trotta, 1995, pág. 87.

en el vacío: existe en el mundo, en la historia, en la palabra y en el cuerpo.

Desde esta perspectiva, la pregunta por el ser del Derecho no es solo filosófica; es también emancipadora. Al interrogar su naturaleza, se abre un horizonte de crítica: se desnaturaliza lo instituido, se cuestionan las jerarquías, se habilita la posibilidad de transformación. El Derecho, entonces, no se interpreta solo para conocerlo, sino también para imaginarlo de otro modo.

Más aún, en el actual escenario globalizado, caracterizado por una tecnificación del sistema jurídico y una proliferación de normas supranacionales, la pregunta se vuelve también una forma de resistencia frente al automatismo normativo. La idea de que todo problema tiene una solución legalmente prevista, como si el Derecho fuera una máquina de respuesta sin alma, es una peligrosa ilusión. Cuestionar desde la filosofía esta lógica reactiva es apostar por un Derecho que piense antes de aplicar, que considere la dignidad de los afectados antes que la eficiencia de los procedimientos.

Otro aspecto clave de esta actitud interrogativa es su capacidad anticipatoria. No solo problematiza lo heredado, sino que proyecta futuros posibles. Imaginar nuevos marcos jurídicos, nuevas formas de justicia, requiere más que innovación técnica: exige una imaginación filosófica anclada en preguntas profundas. De ahí que autores como Boaventura de Sousa Santos hablen de una «epistemología del sur», que ponga en el centro no solo otras voces, sino otras preguntas: ¿cuál es el Derecho de los sin derecho?, ¿cómo repensar la legalidad desde la desobediencia, desde la comunidad, desde la memoria?[123].

Por todo ello, no es exagerado afirmar que la filosofía del derecho se justifica —y se renueva— en su capacidad de preguntar radicalmente. La pregunta no es un instrumento para

---

123. DE SOUSA SANTOS, Boaventura. *Una epistemología del Sur: La reinvención del conocimiento y la emancipación social.* Trad. Ramón Montero. México: Siglo XXI Editores / CLACSO, 2009, págs. 45-47.

llegar a respuestas, sino un modo de estar en el mundo jurídico con sensibilidad crítica, apertura hermenéutica y compromiso ético. Es este preguntar constante el que puede sostener una ontología del Derecho que no sea abstracta ni desarraigada, sino profundamente situada, histórica y humana.

III. ONTOLOGÍA DEL DERECHO CON CONTEXTO

La ontología del Derecho, entendida como la reflexión sobre su modo de ser, no puede abstraerse del contexto en el que existe, puesto que, es un fenómeno que surge en el tejido relacional de la historia, la cultura y las prácticas sociales. Este enfoque ontológico requiere desplazar el objeto jurídico del plano de la forma estricta hacia el de la vida encarnada, donde las normas encuentran su sentido en la interacción viva de sujetos concretos.

Esta perspectiva se apoya en una ontología relacional, donde el Derecho se configura por medio de tensiones dialécticas entre lo universal y lo particular, lo instituido y lo vivido. En palabras de Hans-Georg Gadamer: «la comprensión es un evento de fusión de horizontes»[124]; de forma análoga, el Derecho encuentra su legitimidad cuando los horizontes normativos se fusionan con los horizontes vitales de quienes lo sufren y lo practican.

En este marco, el Derecho no es solo un sistema de reglas dictadas desde el Estado, sino un conjunto de territorios simbólicos donde se piensa, disputa y reconstruye la justicia. Reclamar la idea de múltiples racionalidades normativas supone reconocer que el Derecho se construye en y desde la diversidad cultural, no solo desde modelos hegemónicos.

La ontología contextual de lo jurídico, además, implica pensar en términos de memoria normativa: las normas llevan consigo rastros de su genealogía histórica, sus rupturas, sus silen-

---

124. *Óp. cit.* GADAMER, Hans-Georg. *Verdad y método I...*pág. 368.

cios. Reiniciar con conciencia normativa supone desenterrar esas huellas, analizar los vacíos y desarrollar una ética del recordar como condición de legitimidad.

Finalmente, contemplar la ontología del Derecho con contexto implica ver en las normas no tanto mandatos, sino promesas institucionales. Esa condición performativa convierte al fenómeno jurídico en una práctica dinámica, abierta a la reinterpretación y a la transformación.

IV. VALÍA MORAL DEL DERECHO

Polis y política. Categorías conceptuales que los clásicos griegos inventaron. Existe un acuerdo homogéneo al momento de atribuirle un significado preciso a la primera. *Polis*, de manera específica, hace alusión al modelo de organización: Ciudad-Estado, es decir, una comunidad con estructura de gobierno y autonomía normativa, donde los ciudadanos participaban activa y obligatoriamente en los asuntos de la *cosa* pública. Aunque, ciertamente, la clase de ciudadanía estaba integrada por un número reducido de personas, pero todos los que poseían dicha condición estaban convocados a tematizar la *cosa* pública. A este modo de interpretar, quizá, hay que agregarle que, la *polis* griega, en su perfil, trae consigo un elemento que ha de revolucionar el modo de enfocar las ciudades. J. M. Muñoz Jiménez, en su artículo*: Aproximación al urbanismo griego: la ciudad como obra de arte*, de 1991, precisa que, antes del surgimiento de la *polis*, las ciudades respondían, en cuanto a su organización y racionalización, a exigencias divinas o semidivinas de sus gobernantes, esto es, que las ciudades eran forjadas a medida de un Dios o de un gobernante. Con la *polis*, se da el nacimiento de las ciudades de los ciudadanos y para los ciudadanos[125]. Por otro lado, la política en su acepción grie-

---

125. Muñoz Jiménez, J.M. *Aproximación al urbanismo griego: la ciudad como obra de arte*, de 1991, pág. 19.

ga se refería a las relaciones intersubjetivas que los individuos entablaban dentro de la *polis*. La política comprendía las interacciones, negociaciones y conflictos que surgían en la vida política de la comunidad. Era el ámbito en el que los ciudadanos debatían y tomaban decisiones sobre los asuntos comunes, buscando el bienestar colectivo y la justicia.

Aunque estos conceptos se originaron en la antigua Grecia, su relevancia ha trascendido en el tiempo y sigue siendo objeto de reflexión y análisis en la filosofía política contemporánea. La *polis* representa un ideal de comunidad política participativa y democrática, mientras que la política continúa siendo una dimensión esencial de la vida humana en sociedad, donde se forjan acuerdos y se gestionan los conflictos de intereses.

En la actualidad, la noción de *polis* se ha ampliado para abarcar no solo ciudades-Estado, sino también Estados-Nación y comunidades políticas más amplias. La política, por su parte, sigue siendo un campo de estudio complejo y dinámico, que se ocupa de las relaciones de poder, la toma de decisiones y la construcción de instituciones que rigen la convivencia humana.

El Derecho, como artefacto de control social, surge y se construye en la *polis*. Y, como dice la pluma magistral de Paolo Grossi, viene hacer: «un precioso instrumento de la vida civil»[126]. El Derecho es un agente civilizador que, bajo ciertas condiciones y un conjunto de bienes valiosos como: libertad, igualdad, diferencia, dignidad y propiedad —contextualizadas—, facilita la cooperación social. He aquí, su notabilidad moral, es decir, que el Derecho tiene la condición de ser moralmente bueno y relevante porque, en mayor medida, hace que la cooperación social ocurra y la sociabilidad sea factible. El mecanismo social activado por lo jurídico no es precisamente lo que razón utópica exige, no es un diseño perfecto, tiene sus desperfectos formales y sustanciales, y está lejos de ser

---

126. GROSSI, Paolo. *La primera lección de derecho*. Trad. Clara Álvarez Alonso. Madrid: Marcial Pons, 2006, pág. 18.

armonioso, a pesar de esto, es el menos pérfido; pero, puede llegar a ser el más diabólico.

Sin embargo, es importante reconocer que la moralidad del Derecho no es absoluta ni exenta de controversia, ya que puede ser utilizado para promover intereses particulares o perpetuar desigualdades y discriminaciones. Por lo tanto, es necesario que se someta a una continua revisión y análisis crítico para asegurar que cumpla con su función de promover el bienestar común y la justicia social.

V.   IMPORTANCIA DEL CONTEXTO HISTÓRICO

El Derecho es un fenómeno profundamente contextual que no puede comprenderse al margen de la dinámica social e histórica que le da vida. Como bien expresaba el antiguo adagio romano *Ubi societas, ibi ius*[127], allí donde existe una sociedad, surge inevitablemente un orden jurídico que refleja sus particularidades. Desvincular al Derecho de su contexto histórico y social equivale a despojarlo de su esencia, reduciéndolo a una mera corteza reseca, privada de la savia vital que lo nutre.

Esta perspectiva histórica resulta indispensable para comprender el Derecho en su plenitud. Cada sociedad posee un legado jurídico único —desde sistemas indígenas hasta códigos modernos— que configura su identidad normativa. Ignorar esta dimensión conduce a un dogmatismo estéril, mientras que su estudio permite identificar patrones, anticipar desafíos y encontrar soluciones flexibles a problemas contemporáneos. Como advirtió R. von Ihering, el Derecho solo cobra vida al realizarse en la práctica: lo que no trasciende el papel es un mero fantasma, mientras que lo aplicado —aun sin reconocimiento formal— encarna su verdadera esencia. Esta visión resuena en Holmes, para quien el Derecho es, ante todo, expe-

---

127. Capella, Juan Ramón hace una interpretación muy interesante sobre este adagio, vid. su libro: *Fruto prohibido...*, págs. 18-21.

riencia acumulada, y su estudio racional exige un diálogo constante con la historia.

Las contribuciones de Savigny, aunque matizables, enriquecen esta mirada al destacar cómo el Derecho se arraiga en tradiciones culturales específicas. Su llamado a evitar abstracciones universalistas y a valorar la pluralidad jurídica sigue vigente, recordándonos que las normas deben interpretarse dentro de su tejido histórico. Sin embargo, como muestran Paolo Grossi y otros, este enfoque no implica nostalgia estática, sino una herramienta para adaptar el Derecho a retos actuales —desde la tecnología hasta la justicia climática— sin perder de vista su función social.

En definitiva, el Derecho trasciende la letra escrita cuando se entiende como un proceso vivo, moldeado por conflictos, consensos y reinterpretaciones constantes. Su validez no depende solo de su coherencia formal, sino de su capacidad para encarnar los valores de una sociedad en transformación, garantizando así su relevancia práctica y su legitimidad moral. Solo mediante esta comprensión histórica y contextual el Derecho puede cumplir su propósito último: ser un faro dinámico que guíe la convivencia humana hacia horizontes más justos.

CAPÍTULO V

POESÍA, HISTORIA Y DERECHO: VOCES ENTRELAZADAS

Quizá, la poesía es el lugar donde, por primera vez, han quedado registrado los eventos ocurridos en épocas antiguas. Aunque la narrativa histórica que los poetas presentan, casi siempre se entremezcla con acciones heroicas, emociones y simbolismos, cuyo caldo de cultivo está en el seno de la imaginación poética; no obstante, esto, de ninguna manera anula el tratamiento que la historia encontró en la moldura de la poesía.

La expresión poética sobre lo que aconteció en un momento y en un espacio determinado, en alguna medida, hace justicia al mismo; y, los componentes agregados por exigencias propias que reclama dicho género lírico son claramente identificables, por ende: distinguibles. Las metáforas y las características épicas que los poetas le atribuyen a los individuos que participaron en los eventos históricos, son formas literarias que adornan al sujeto, sus acciones y los hechos; pero, sin ser parte constitutiva de los mismos, de ahí que no es posible confundirlos. Solo la expresión libre que ofrece la poesía hace posible esto.

En la cultura occidental, los poemas homéricos gozan de gran reputación; sin embargo, la imagen que proyectan, ampliamente, desborda los contornos poéticos. A Homero le preocupa el destino del hombre[128]. «La humanidad está, pues, siempre presente en esta primera epopeya. Es el sello distintivo de los héroes, gracias a la capacidad de Homero de elegir lo que quiere callar o mostrar. Forma parte de su naturaleza, que lo reduce todo a la condición humana, y de su rechazo a toda limitación étnica o particularista»[129].

J. De Romilly, se inclina por aseverar, que la poesía épica de Homero es susceptible a ser interpretada desde la arista filosófica. Siguiendo esta formulación, los escritos homéricos, también exigen una lectura histórica como iusfilosófica. Mientras que, para Frederick Copleston: «Los poemas homéricos no pueden ser considerados, en verdad, como una obra filosófica»[130]. La razón de esto es que, «las aisladas ideas filosóficas que en estos poemas aparecen distan mucho de estar organizados sistemáticamente»[131]. Pero el hecho de que se ausente el criterio de sistematicidad en los poemas homéricos no anula el contenido filosófico que se expone en los mismos. Esto último, viene hacer una razón genuina que invita a su tratamiento filosófico.

La Ilíada y la Odisea, desempeñan un papel notable en la relación entre historia y mito en la antigua Grecia. Estas epopeyas, compuestas en una época que antecede al origen de la escritura, surgieron de una tradición oral que perduró durante siglos, convirtiéndose en una parte integral de la memoria colectiva de la sociedad griega antigua. A través de estos poemas, se preservaron y transmitieron hechos que ofrecen un valioso contexto histórico y cultural de la antigua Grecia, revelando aspectos de la vida cotidiana, las costumbres, la estructura política y las prácticas militares de la época. Proporcionando así;

---

128. DE ROMILLY, Jackeline. *¿Por qué Grecia?* Trad. Olivia Bandrés. España: Editorial Debate, 1997, pág. 39.

129. *Ídem.*

130. COPLESTON, Frederick. *Historia de la filosofía.* Volumen 1, de la Grecia antigua al mundo cristiano. Trad. Juan Manuel García de la Mora. España: Editorial Ariel, 2011, pág. I-17.

131. *Ídem.*

una valiosa ventana hacia el pasado y una influencia perdurable en la forma en que se ha entendido y enseñado la antigua Grecia a lo largo de la historia. Sin embargo, los poemas homéricos incorporan elementos mitológicos y fantásticos, lo que hace que su relación con la historia sea compleja. Al mezclar historia y mito, estos poemas influyeron en la percepción y la interpretación de la historia antigua y dejaron una marca indeleble en la literatura y el pensamiento occidental. Aunque, algunos eventos y personajes pueden tener raíces históricas o estar basados en figuras históricas, la trama está entrelazada con dioses y criaturas mitológicas, lo que plantea desafíos para determinar la veracidad histórica de los relatos.

Los poemas homéricos despliegan un valor metodológico y epistémico innegable para la filosofía del derecho al ofrecer una posibilidad única hacia la antigua sociedad griega. En el contexto histórico y cultural proporcionado por estos, los filósofos del derecho pueden estudiar de manera detallada cómo funcionaban las instituciones legales y cómo se abordaban cuestiones éticas y morales en aquella época. Los dilemas éticos que enfrentan los héroes y personajes en estas obras permiten una reflexión sobre los valores y principios morales que guiaban el comportamiento individual y colectivo. El análisis de la justicia, el honor y la virtud en la antigua Grecia, tal como se retratan en los poemas, proporciona una base sólida para discutir temas éticos y morales que siguen siendo relevantes en el estudio del Derecho hasta el día de hoy.

Si bien, los poemas homéricos no son obras filosóficas en sí mismas, pero contienen conceptos filosóficos implícitos que son esenciales para el análisis de la filosofía del derecho. Temas como la venganza, la autoridad, la noción de propiedad y la protección de los derechos emergen a lo largo de las narrativas y eventos de las epopeyas. Al explorar estos conceptos arraigados, los iusfilósofos pueden enriquecer su comprensión del pensamiento jurídico antiguo y cómo algunos de estos fundamentos aún pueden ser identificados en el Derecho.

De ahí que es dable afirmar que los poemas homéricos presentan una rica fuente de conceptos con relevancia para el

Derecho. En primer lugar, el equilibrio entre la justicia y la venganza que se observa en estas epopeyas es esencial para reflexionar sobre la teoría de la pena y las diversas concepciones de la justicia en la filosofía jurídica. Además, el papel central del honor y la reputación en la sociedad homérica plantea interesantes consideraciones sobre el derecho a la reputación y la protección de la dignidad humana como intereses jurídicamente protegidos. Asimismo, las diferentes formas de liderazgo y autoridad presentadas en los poemas permiten analizar temas de teoría del poder y responsabilidad de los líderes en el ejercicio del poder. La cuestión de la propiedad y la posesión también se manifiestan en estas epopeyas, arrojando luz sobre el estudio de la propiedad privada, los derechos que giran en torno a esta y las disputas sobre la posesión de bienes. Por otro lado, las narrativas que involucran el derecho de los refugiados y la hospitalidad encuentran resonancia con el debate actual sobre los derechos de los refugiados y la responsabilidad de las comunidades para proteger y acoger a los desplazados. En conjunto, estos conceptos no ausentes de los poemas homéricos enriquecen el análisis iusfilosófico y ofrecen otra faceta de la evolución del pensamiento jurídico.

«Si podemos llegar a determinar las formas primitivas de los conceptos jurídicos, es por medio de los poemas: las ideas rudimentarias del derecho son para el jurisconsulto lo que las capas primitivas de la tierra para el geólogo, en cuanto contienen en embrión todas las formas que el derecho ha tomado posteriormente. La ligereza y los prejuicios que se han opuesto a su examen detenido tienen la culpa de la condición poco satisfactoria en que se halla la ciencia del derecho»[132].

H. Summer Maine refiriéndose a hechos que ocurrieron en los preludios de la cultura griega se inclina por acudir a los

---

132. MAINE, Summer. *El derecho antiguo*. Vol. 1. España: Escuela Tipográfica del Hospicio Fuenoarral, 84, 1893, pág. 14.

poemas homéricos como fuente narrativa de los mismos. A decir de el:

> «[...] mientras la filología no haya completamente analizado la literatura sanscrita, no tenemos textos de información más que en los poemas homéricos, considerados, no como una historia de hechos positivos, sino como una descripción, no siempre fantástica, de un estado social conocido por el poeta. Su imaginación pudo exagerar ciertos rasgos de la edad heroica, como las proezas de los guerreros y el poder de los dioses; pero no puede creerse que alterara también conceptos metafísicos y morales que no eran todavía entonces objeto de estudios reflexivos. Por esto la literatura homérica es más digna de fe que los documentos posteriores que pretenden darnos cuenta de los tiempos primitivos y que han sido redactados ya bajo influencias filosóficas o teológicas»[133].

Desde una perspectiva histórica y sociológica, por ejemplo, en las sociedades antiguas lo *a priori* no era precisamente las reglas, los mandatos legales o el sistema de principios, no hubo, como bien asevera Summer Maine (1893), una idea de legislación y un autor especifico del derecho. El Derecho no se inició, precisamente, con la noción del sistema legal de producción normativa ni con la sistematización de las reglas y principios; en consecuencia, el Derecho: ni nace con la ley de las XII tablas, ni surge con el sistema jurídico romano; lo que realmente importaba eran los hechos históricos. En ese momento, el Derecho era más una cuestión de costumbre y hábito, y no se basaba en leyes establecidas. Los hechos son los que sentenciaban.

Themis, en la época homérica, significa «prescripción que establece los derechos y deberes de todos bajo la autoridad del *genos*, ora en la vida cotidiana, dentro de la casa, ora en circunstancias excepcionales como la alianza, el casamiento o el

---

133. *Ídem.*

combate»[134]. Estas prescripciones, poseían una naturaleza distinta que no pueden ser equiparadas en un sentido estricto a las leyes. *Themis* implica prescripción: «No obstante no son leyes. Puesto que no tienen más existencia que la de la aceptación tácita de los que las observan, no pretenden ser válidas para el conjunto de un Estado, ni conocidas por todos, ni soberanas por sí mismas»[135].

En la concepción antigua del Derecho, existe un conjunto de características que, para la actualidad, quizá, terminan siendo incomprensibles y arrojados al campo de lo mítico. El Derecho era algo abstracto, «algo que está en el aire», una noción difícil de comprender para nosotros hoy en día[136]. Y, el juez decidía el resultado del caso basándose en una inspiración o intuición que consideraba proveniente de una entidad superior (posiblemente de origen divino). No había leyes preexistentes escritas o establecidas que determinaran el veredicto, sino, más bien una especie de intuición moral por parte del juez al pronunciar la sentencia.

Para comprender mejor este enfoque antiguo, Maine sugiere reflexionar sobre la estructura de las sociedades antiguas. En esas sociedades, el despotismo patriarcal ejercía un control significativo sobre la vida de las personas, y los actos de los individuos estaban sujetos al capricho de los líderes. Aquí se destaca la idea de que las sentencias judiciales precedieron a la formulación de reglas, principios y distinciones legales, lo que significa que la jurisprudencia y la toma de decisiones judiciales eran primordiales antes de que se establecieran sistemas legales más elaborados.

El nexo entre historia y Derecho es fundamental e íntimo. C. J. Friedrich manifiesta que, el encuentro entre historia y Derecho se nota con mayor frecuencia y claridad en la historia del

---

134. BEENVENISTE, Émile. Citado por DE ROMILLY, Jackeline. *La ley en la Grecia Clásica*. Trad. Gustavo Potente. Buenos Aires: Editorial Biblos, 2004, pág. 13.
135. *Ídem.*
136. *Óp. cit.* MAINE, Summer. *El derecho antiguo...*, pág. 17.

pensamiento político. No hay más que abrir uno de los libros sobre la materia para descubrir que esa historia es, por lo menos la mitad, historia de la jurisprudencia. Desde los sofistas y Platón hasta Hegel y Marx, la filosofía del derecho en perspectiva histórica está inseparablemente entretejida con las historias de las ideas políticas[137].

La historia ofrece un marco indispensable para comprender la adaptación y transformación de las normas jurídicas en distintas culturas. Al examinar cómo el Derecho ha respondido a los retos del pasado, se esclarece la construcción histórica de conceptos como justicia, igualdad y derechos humanos, pilares de las sociedades contemporáneas. En esencia, Derecho e historia se hallan indisolublemente vinculados, y su estudio conjunto ilumina el papel del ordenamiento jurídico como motor de cambio social.

Un hallazgo crítico de este análisis es la persistencia de injusticias sistémicas en numerosos sistemas legales. En muchas ocasiones, las leyes —influenciadas por estructuras de poder autoritarias o patriarcales— legitimaron la discriminación de mujeres, minorías étnicas y grupos vulnerables, perpetuando desigualdades. Este legado obliga a una reflexión: si bien el estudio histórico es fundamental para contextualizar el Derecho, debe acompañarse de una mirada crítica. La historia puede instrumentalizarse tanto para justificar opresiones como para trazar rutas de progreso; por ello, su examen no solo devela los obstáculos del pasado, sino que exige una constante reevaluación de los sistemas jurídicos, impulsando su transformación para alcanzar ideales de equidad y dignidad humana.

---

137. Friedrich, Carl Joachin. *La filosofía del derecho*. Trad. Margarita Álvarez Franco. México: Fondo de Cultura Económica, 1964, pág. 333.

BIBLIOGRAFÍA

BADIOU, Alain. *Manifiesto por la filosofía*. Trad. Jorge Saborido. Buenos Aires: Nueva Visión, 1990.

BENJAMIN, Walter. *Para una crítica de la violencia y otros ensayos*. Trad. Roberto Blatt. España: Taurus, 2001.

BERGSON, Henry. *La evolución creadora*. Trad. Pablo Ires. Buenos Aires: Cactus, 2007.

BIX, Brian. *Teoría del derecho. Ambición y límites*. Trad. Erika Frontini y otros. España: Marcial Pons, 2006.

BOBBIO, Norberto. *El positivismo jurídico*. Trad. Rafael de Asís y Andrea Greppi. Madrid: Debate, 1993.

BOURDIEU, Pierre. *El sentido práctico*. Trad. Ariel Dilon. Argentina: Siglo XXI, 2007.

BOURDIEU, Pierre y TEUBNER, Gunther. *La fuerza del derecho*. Trad. Carlos Morales de Setién Ravina. Colombia: Siglo del hombre editores, 2005.

BUBER, Martin. *Yo y Tu y otros ensayos*. Trad. Marcelo G Burello. Argentina: Prometeo Libros, 2013.

BUTLER, Judith. *Mecanismos psíquicos del poder. Teorías sobre la sujeción*. Trad. Jacqueline Cruz. Madrid: Cátedra, 2001.

CAPELLA, Juan Ramon. *Fruta prohibida. Una aproximación histórico-teorética al estudio del derecho y del estado*. Valladolid: Editorial Trotta, S.A., 1997.

CARTER, J. C. «The ideal and the Actual in the law». *Report of the thirteenth Annual Meeting of the American Bar Association*, 1890.

CATHEREIN, Víctor. *Filosofía del derecho. El derecho natural y el positivo*. Trad. Alberto Jardon y Cesar Barja. Madrid: Editorial REUS, 2002.

CHIASSONI, Pierluigi. *Desencantos para abogados realistas*. Compilador Diego Moreno Cruz. Bogotá: Universidad Externado de Colombia, 2012.

COPLESTON, Frederick. *Historia de la filosofía. Volumen 1, de la Grecia antigua al mundo cristiano*. Trad. Juan Manuel García de la Mora. España: Editorial Ariel, 2011.

COVER, Robert M. «Nomos and Narrative». *Harvard Law Review*, vol. 97, núm. 1, 1983, pp. 4-68. https://doi.org/10.2307/1340787

DE ROMILLY, Jackeline. *¿Por qué Grecia?* Trad. Olivia Bandrés. España: Editorial Debate, 1997.

DE ROMILLY, Jackeline. *La ley en la Grecia Clásica*. Trad. Gustavo Potente. Buenos Aires: Editorial Biblios, 2004.

DE SOUSA SANTOS, Boaventura. *Una epistemología del Sur: La reinvención del conocimiento y la emancipación social*. Trad. Ramón Montero. México: Siglo XXI Editores / CLACSO, 2009.

DERRIDA, Jacques. *Fuerza de ley. El fundamento místico de la autoridad*. Trad. Adolfo Barberá y Patricio Peñalver Gómez. Madrid: Editorial Tecnos, 2008.

DICKSON, Julie. Entrevista realizada por Jorge Luis Fabra Zamora y Andrés Molina Ochoa, en: *Estado del arte y futuro de la filosofía del derecho*. Revista: *Problema. Anuario de filosofía y teoría del derecho*. Número 11, Universidad Nacional Autónoma de México-Instituto de Investigaciones Jurídicas. Enero-diciembre de 2017.

DURKHEIM, Émile. *La división del trabajo social*. Trad. Carlos Gómez. Madrid: Minerva Ediciones, 2012.

DWORKIN, Ronald. *Imperio de la justicia*. Trad. Claudia Ferrari. España: Gedisa, 1992.

DWORKIN, Ronald. *Los derechos en serio*. Trad. Marta Guastavino. Barcelona: Ariel, 1984.

FINNIS, John. *Ley natural y derechos naturales*. Trad. Cristóbal Orrego. Buenos Aires: Abeledo-Perrot, 2000.

FRIEDRICH, Carl Joachim. *La filosofía del derecho*. Trad. Margarita Álvarez Franco. México: Fondo de Cultura Económica, 1964.

GADAMER, Hans-Georg. *Verdad y método I*. Trad. Ana Agud y Rafael de Agapito. Salamanca: Ediciones Sígueme, 1997.

GARCÍA MÁYNEZ, Eduardo. *Filosofía del derecho*. México: Editorial Porrúa, 2009.

GARZÓN VALDÉS, Ernesto. *Derecho y justicia*. Madrid: Trotta, 2008.

GEERTZ, Clifford. *Conocimiento local*. Trad. Alberto Cardín. Barcelona: Paidós, 1994.

GONZÁLEZ VICEN, Felipe. «La filosofía del derecho como concepto histórico». *Anuario de filosofía del derecho*, 1969. https://www.boe.es/biblioteca_juridica/anuarios_derecho/articulo.php?id=ANU-F-1969-10001500066

GROSSI, Paolo. *El derecho como conversación entre generaciones*. Trad. Aída Kemelmajer. España: Marcial Pons, 2012.

GROSSI, Paolo. *La primera lección de derecho*. Trad. Clara Álvarez Alonso. Madrid: Marcial Pons, 2006.

HABERMAS, Jürgen. *Facticidad y validez*. Trad. Manuel Jiménez Redondo. Madrid: Trotta, 1998.

HABERMAS, Jürgen. *Problemas de legitimación en el capitalismo tardío*. Trad. J. L. Etcheverry. España: Ediciones Cátedra, 1999.

HART, H.L.A. *El concepto de derecho*. Trad. Genaro R. Carrió. Argentina: Abeledo-Perrot, 2009.

HEGEL, G.W.F. *Enciclopedia de las ciencias filosóficas*. Trad. Ramón Valls Plana. España: Alianza Editorial, 2010.

HEGEL, G.W.F. *Principios de la filosofía del derecho*. Trad. Juan Luis Vermal. Barcelona: Edhasa, 1999.

HEIDEGGER, Martin. *¿Qué es esto, la filosofía?* Trad. Víctor Li Carrillo. Lima: Universidad Nacional de San Marcos, 1985.

HEIDEGGER, Martin. *Qué significa pensar*. Trad. Helena Cortés y Arturo Leyte. Madrid: Trotta, 1994.

HEIDEGGER, Martin. *Ser y tiempo*. Trad. Jorge Eduardo Rivera. Madrid: Editorial Trotta, 2003.

HOLMES, Oliver Wendell Jr. *La senda del derecho*. Trad. José Ignacio Solar Cayon. España: Marcial Pons, 2012.

HONNETH, Axel. *El derecho de la libertad. Esbozo de una eticidad democrática.* Trad. Graciela Calderón. Madrid: Katz, 2014.

HUSSERL, Edmund. *Ideas relativas a una fenomenología pura y una filosofía fenomenológica. Libro primero: Introducción general a la fenomenología pura.* Trad. J. Gaos. México: Fondo de Cultura Económica, 2013.

JAVOLENO. *Cuerpo del derecho civil o sea Digesto, Código, Novelas e Instituta de Justiniano.* Tomo III. Trad. Don Bartolomé Agustín Rodríguez de Fonseca. Madrid: 1874.

KANT, Immanuel. Obras varias mencionadas (1786, 1793, 1795, 1797). (No se proporciona una referencia bibliográfica completa única).

KELSEN, Hans. *Teoría pura del derecho.* Trad. Roberto J. Vernengo. México: Editorial Porrúa, 2011.

LEIBNIZ, G.W. *Discurso sobre el arte combinatorio.* Trad. Javier Echeverría. Barcelona: Orbis, 1983.

LÉVINAS, Emmanuel. *Totalidad e infinito.* Trad. Daniel Guillot. Salamanca: Sígueme, 1977.

LÉVI-STRAUSS, Claude. *Antropología estructural.* Trad. Eliseo Verón. Buenos Aires: EUDEBA, 1973.

MAINE, Henry Sumner. *El derecho antiguo.* Vol. 1. España: Escuela Tipográfica del Hospicio Fuenoarral, 1893.

MAYER, Max Ernst. *Filosofía del derecho.* Trad. Luis Legaz Lacambra. Argentina: Editorial IBdeF, 2015.

MERLEAU-PONTY, Maurice. *Fenomenología de la percepción.* Trad. J. Cabanes. Barcelona: Editorial Planeta, 1994.

MUÑOZ JIMÉNEZ, J.M. *Aproximación al urbanismo griego: la ciudad como obra de arte,* 1991.

NEUMANN, Franz. *El Estado democrático y el Estado autoritario.* Trad. Mireya Reilly de Fayard y Carlos A. Fayard. Barcelona: Paidós, 1985.

NIETZSCHE, Friedrich. *Más allá del bien y del mal.* Trad. A. Sánchez Pascual. Madrid: Alianza, 2016.

NINO, Carlos Santiago. *Fundamentos de derecho constitucional.* Buenos Aires: Astrea, 1992.

NUSSBAUM, Martha. *El ocultamiento de lo humano.* Trad. Gabriel Zadunaisky. Buenos Aires: Katz, 2006.

NUSSBAUM, Martha. *Las fronteras de la justicia*. Trad. Ramón Vilà. Barcelona: Paidós, 2007.

ORTEGA Y GASSET, José. *Historia como Sistema*. Madrid: Revista de occidente, 1958.

PICO DELLA MIRANDOLA, Giovanni. *Discurso sobre la dignidad del hombre. Una nueva concepción de la filosofía*. Trad. Silvia Magnavacca. Argentina: Ediciones Winograd, 2008.

RADBRUCH, Gustav. *Filosofía del derecho*. Trad. José María Echevarría. España: Editorial REUS, 2007.

RAMIS BARCELÓ, Rafael. *El nacimiento de la Filosofía del derecho: de la Philosophia iuris a la Rechtsphilosophie*. Madrid: Dykinson, 2021.

RECASÉNS SICHES, Luis. *Tratado general de filosofía del derecho*. México: Editorial Porrúa, 2006.

RECASÉNS SICHES, Luis. *Vida Humana, Sociedad y Derecho*. México: Fondo de Cultura Económica, 1945.

RICOEUR, Paul. *El conflicto de las interpretaciones*. Trad. A. Neira. Buenos Aires: FCE, 2003.

RICOEUR, Paul. *Freud: una interpretación de la cultura*. Trad. A. D. Ortiz. México: Siglo XXI Editores, 1969.

RICOEUR, Paul. *La memoria, la historia, el olvido*. Trad. Agustín Neira. Madrid: Trotta, 2003.

RICOEUR, Paul. *Lo justo*. Trad. Carlos Gardini. Chile: Editorial Jurídica de Chile, 1997.

ROMANO, Santi. *El ordenamiento jurídico*. Trad. Sebastián Martín. Madrid: Tecnos, 2011.

ROTHBARD, Murray N. *La ética de la libertad*. Trad. Marciano Villanueva Salas. España: Unión Editorial, 1995.

ROUSSEAU, Jean-Jacques. *El contrato social*. Trad. M. Consuelo Berges. Madrid: Ediciones Aguilar, 1969.

SCHELER, Max. *El puesto del hombre en el cosmos*. Trad. J. Gaos. Buenos Aires: Losada, 2000.

SEN, Amartya. *La idea de la justicia*. Trad. Hernando Valencia. Madrid: Taurus, 2010.

TERDIMAN, Richard. *Body and Story: The Ethics and Practice of Theoretical Conflict*. Baltimore: Johns Hopkins University Press, 2005.

TEUBNER, Gunther. *El derecho como sistema autopoiético*. Trad. Alberto Supelano. Bogotá: Universidad Externado de Colombia, 2005.

VILLEY, Michel. *Los fundadores de la escuela moderna del derecho natural*. Trad. C.R.S. Argentina: Ediciones Ghersi, 1978.

VON MISES, Ludwig. *La acción humana*. Trad. Joaquín Reig Albiol. España: Unión Editorial, S.A., 2023.

WEIDLING, Johann. *Ars magna sciendi*. Trad. Elena Fernández. Madrid: CSIC, 2012.

ZAGREBELSKY, Gustavo. *El derecho dúctil: Ley, derechos, justicia*. Trad. Marina Gascón. Madrid: Trotta, 1995.